DU MÊME AUTEUR

Aux Éditions Gallimard

APRÈS FREUD, 1968 (« Les Essais » ; « Idées », *n° 237*. Nouvelle édition revue et augmentée d'un post-scriptum en 1993, « Tel », *n° 223*).

ENTRE LE RÊVE ET LA DOULEUR, 1977 (« Connaissance de l'Inconscient » ; « Tel », *n° 81*).

LOIN, 1980, *récit* (« Folio », *n° 2332*).

L'AMOUR DES COMMENCEMENTS, 1986. Prix Femina-Vacaresco. Post-scriptum inédit, 1994 (« Folio », *n° 2571*).

PERDRE DE VUE, 1988 (« Connaissance de l'Inconscient » ; « Folio essais », *n° 351*).

UN HOMME DISPARAÎT, 1996 (« Folio », *n° 3122*).

CE TEMPS QUI NE PASSE PAS *suivi de* LE COMPARTIMENT DE CHEMIN DE FER, 1997 (« Connaissance de l'Inconscient, série Tracés » ; « Folio essais », *n° 392*).

L'ENFANT DES LIMBES, 1998 (« Folio », *n° 3463*).

FENÊTRES, 1999 (« Folio », *n° 3642*).

EN MARGE DES JOURS, 2002 (« Folio », *n° 3922*).

TRAVERSÉE DES OMBRES, 2003. Prix Valery Larbaud (« Folio », *n° 4294*).

FRÈRE DU PRÉCÉDENT, 2006. Prix Médicis Essais (« Folio », *n° 4608*).

ELLES, 2007 (« Folio », *n° 4799*).

Chez d'autres éditeurs

VOCABULAIRE DE LA PSYCHANALYSE (avec Jean Laplanche), 1967, *Presses universitaires de France*, 1967, repris dans « Quadrige ».

FANTASME ORIGINAIRE, FANTASMES DES ORIGINES, ORIGINE DU FANTASME (avec Jean Laplanche), 1985, *Hachette*, « Textes du XXe siècle », repris dans « Pluriel ».

Suite des œuvres de J.-B. Pontalis en fin de volume

LE SONGE DE MONOMOTAPA

Il a été tiré de l'édition originale de cet ouvrage
vingt-cinq exemplaires sur vélin pur fil
des papeteries Malmenayde numérotés de 1 *à* 25.

J.-B. PONTALIS

LE SONGE DE MONOMOTAPA

nrf

GALLIMARD

À Daniel Pennac

Deux vrais amis vivaient au Monomotapa
L'un ne possédait rien qui n'appartînt à l'autre

La Fontaine, *Les Deux Amis*

L'obstacle

Quand nous nous réunissions pour décider du prochain thème dont traiterait la *Nouvelle Revue de psychanalyse*, il est arrivé plusieurs fois que notre choix se portât sur l'amitié. Sur la relation au père, à la mère, sur l'amour et la haine et leur alliance, la psychanalyse, suite à Freud, n'a cessé de revenir. Mais sur l'amitié, quasi-silence freudien, et presque rien depuis. Serait-il impossible de définir ce qu'elle a de spécifique, d'incomparable ?

L'amitié pourtant a occupé une place considérable dans la vie de Freud, à commencer par celle qu'il entretint pendant des années avec Fliess avant leur rupture puis, tout au long de son existence, avec tant d'autres. Il suffit pour s'en convaincre de consulter les correspondances. Le soir venu, comme pour se reposer des heures éprouvantes passées avec ses patients, il écrivait de longues lettres à des collègues, à ses disciples préférés, à des écrivains qu'il savait proches de lui, à tous ceux qui de près ou de loin l'accompagnaient dans ses explorations de continents inconnus et de territoires ensevelis, explorations longtemps et peut-être toujours solitaires. Paradoxe : c'est sans doute parce que l'exercice de la pensée, pour peu qu'elle s'avance au-delà des pays déjà recensés, identifiés, qui figurent sur nos cartes, ne peut s'effectuer que dans la solitude, c'est sans doute alors que le besoin d'amitié est le plus fort, ne serait-ce que pour s'assurer qu'on n'est pas, tel un délirant, prisonnier de son délire, seul à penser comme on pense ! J'écris à un ami, je converse avec lui, je lui fais part de mes doutes et de mes certitudes, de mes idées les plus folles et de ce sur quoi je ne céderai pas. Dans toute correspondance prolongée il y a l'espoir de trouver chez mon interlocuteur quelque chose qui « corresponde » à ce que je lui communique de moi.

Ce projet d'un numéro de la *N.R.P.* consacré à l'amitié, maintes fois reporté, ne s'est jamais réalisé. Pourquoi ? Je n'en sais trop rien. Peut-être parce que nous doutions d'apporter quoi que ce soit d'un peu neuf à la question (l'ombre de Montaigne...). Peut-être, plus obscurément, parce que la bonne entente de notre équipe, l'ambiance à la fois studieuse et joyeuse de nos réunions risquaient d'être menacées si nous allions chercher ce qu'il en était, *en vérité*, de l'amitié, donc de celle qui nous liait. Nous étions bien différents les uns des autres — c'est même ce qui rendait notre petit groupe intéressant et, je crois, productif —, nous n'hésitions pas à manifester nos désaccords, mais qu'est-ce qui nous assurait que nos discussions parfois vives, que ce qu'on appelait autrefois l'art de la « dispute », n'allaient pas dégénérer en une autre forme de dispute, celle de l'affrontement querelleur où la volonté impérieuse d'avoir raison vise à faire rendre raison à l'autre ? Et puis quelques petits signes — un mot malheureux de l'un de nous blessant les susceptibilités, un refus brutal de tenir compte d'une opinion — nous incitaient à la prudence. Tant d'amitiés, et ce sont presque toujours les plus fortes, finissent par des brouilles.

Je crains de me retrouver dans la situation ancienne que je viens d'évoquer. Cela fait déjà plusieurs mois que l'envie m'a pris d'écrire un livre sur l'amitié. Mes proches m'y encourageaient : « Quel beau sujet ! fait pour toi. » Et voici que, comme autrefois avec la *N.R.P.*, passé le temps de l'enthousiasme, s'additionnent les réticences : plus tard peut-être, le moment venu, pour l'instant je ne le « sens » pas, ce livre. J'ajourne, je renâcle, je me dérobe devant l'obstacle. Quel est l'obstacle, où est-il ?

Pourtant j'imagine bien lesquelles des amitiés qui ont jalonné ma vie je pourrais évoquer, j'ai en mémoire des romans dont l'amitié est le sujet principal ; je me dis qu'à travers les siècles l'amitié n'a sûrement pas rempli la même fonction et qu'une enquête historique, même limitée, ne manquera pas de m'apporter quelques lumières ; je me convaincs qu'il doit être possible par approches successives, en multipliant les angles de vue, de cerner l'essence de l'amitié. Beau programme. Mais, à part quelques notes, quelques lectures éparses, pas une ligne. Je reste sur place, me répétant : où est l'obstacle ?

Mon projet était d'écrire un éloge de l'amitié. Si ce que je craignais de découvrir — là serait l'obstacle —, c'est que l'ami véritable dont parle La Fontaine n'existe pas, que Monomotapa n'est qu'un songe ? Non, je me refuse à croire cela. Je ne renonce pas à ce livre, pour l'instant imaginaire, improbable. Je ne renonce pas à l'amitié, fût-elle imaginaire, improbable.

Aperçus

Au cours d'une vie les amitiés changent. Les amis sont-ils pour autant interchangeables ? Un ami s'éloigne ou je m'éloigne de lui, un autre prendrait sa place. Ce fut vrai, du temps du lycée, ce le fut encore plus tard. Mon « meilleur ami » a pu changer de figure. Rien de tel pour ce qui est de mes amours. Jamais une femme n'est venue remplacer une autre, jamais la présence de l'une n'a effacé la précédente.

L'ami n'est pas un *alter ego*, un autre moi-même. Je le veux autre que moi, il m'attire comme étant différent, pas trop quand même, pas trop « autre » comme peut l'être l'autre sexe. Il me semble que l'intensité des amitiés de l'adolescence — il est rare de retrouver cette intensité dans les amitiés ultérieures — tient en partie à cela : l'inquiétude que suscitent les femmes, alliée à l'attrait qu'elles exercent.

L'ami est différent et semblable. L'appartenance au même sexe garantit la similitude. Celle-ci une fois assurée, toutes les différences sont bienvenues, elles me permettent de m'affranchir de mon milieu social, de me soustraire à l'emprise familiale, de découvrir, grâce au regard que l'autre porte sur moi, que je suis différent de ce que je crois être. Bienfaits de l'amitié !

Question mille fois débattue : une amitié entre un homme et une femme est-elle possible ? Réponses divergentes. Oui, peut-être, si elle a été précédée d'une relation amoureuse qui se serait terminée sans trop de dégâts, encore qu'un retour de flamme ne soit pas à exclure. Non, pas question, une attente est là, une attente inavouée d'autre chose chez l'un, chez l'autre ou chez tous les deux.

L'amitié véritable serait celle qui se disjoint de la sexualité. Une amitié fondée sur des affinités de goûts, d'intérêts, animée par le souci que l'on se fait de l'autre. L'existence des « amitiés particulières » souvent nées dans des dortoirs de collèges montre que la disjonction entre lieu du sexe et lieu de l'amitié n'est pas assurée. Faut-il pour autant prétendre que toute amitié est une forme d'homosexualité — refoulée ou, mieux, « sublimée » ? Au sens littéral du terme, l'amitié est homo (*homos* = semblable) sexuelle, c'est une évidence. L'évidence s'arrête là.

« La vive amitié entre deux hommes, Flaubert et Tourgueniev, Montaigne et La Boétie, fait naître des sourires entendus chez les dévots de Freud et chez ceux qui ignorent l'amitié. » C'est Paul Veyne qui écrit cela. Il ajoute : « Beaucoup de tabous s'expliquent par le malaise soupçonneux qu'inspirent les états et les êtres intermédiaires qui ne sont ni chair ni poisson. Tu ne mangeras pas de crustacés, édicte l'Ancien Testament, tu vomiras les juifs qui ne sont ni français ni étrangers, tu n'auras pas non plus d'amitiés passionnées. »

Les amitiés passionnées, celle de Jacques Thibault et de Daniel de Fontanin, celle qui lie un gentil petit Français au juif Silbermann « ni français ni étranger », celles que chacun de nous a pu connaître au cours de son adolescence. L'adolescence : un âge, un état *intermédiaire.*

Bien des femmes, même celles qui se défendent d'être « possessives », admettent mal que leur mari, leur compagnon veuille passer du temps avec ses amis. Elles y voient le signe d'un manque d'amour à leur endroit, quand elles ne vont pas soupçonner quelque penchant inavoué à l'homosexualité, elles ne comprennent pas que le besoin d'amitié est aussi indispensable que celui d'aimer et d'être aimé.

Pourtant les exemples sont innombrables d'hommes follement épris des femmes au point d'être ravagés par la passion et qui toute leur vie ont entretenu des liens d'amitié, trouvant sans doute en eux quelque chose de plus solide que l'amour voué à l'incertitude.

Si j'étais à la place d'une femme, je me méfierais d'un homme qui n'a pas d'amis, qui ne tient pas à ses amis.

La référence obligatoire à l'amitié, fortement idéalisée, de Montaigne avec La Boétie, est bien pesante, elle écrase nos amitiés qui, par comparaison, paraissent peu de chose.

Et qu'un seul soit l'ami. C'est le titre du livre que Jean-Michel Delacomptée a consacré à La Boétie. Qui, dans les faits, peut se vanter d'avoir trouvé cet ami-là ? Mais, comme vœu inexaucé, comme aspiration insatisfaite, « qu'un seul soit l'ami » demeure.

Rousseau eut-il des amis ? Il ne vit bientôt autour de lui que des ennemis. La paranoïa naît de l'incapacité de voir en l'autre un ami possible. La volonté de Jean-Jacques d'être l'*unique* allait de pair avec la certitude que tous voulaient sa perte.

Proust ne reculait devant aucune flatterie pour s'attirer les bonnes grâces de tel ou telle. Rappelons-nous sa correspondance et les pourboires insensés qu'il distribuait aux serviteurs. Acheter la gratitude ? Se faire aimer ? Ou une manière paradoxale de tenir les autres à l'écart pour ne laisser personne entrer dans la chambre obscure où l'œuvre s'édifie ?

Proust serait alors proche de Baudelaire affirmant : « Beaucoup d'amis, beaucoup de gants. »

Le cadeau, la flatterie comme équivalents du gant : une manière d'éviter le contact, l'intrusion, une manière de se préserver.

Difficile pour qui cherche à définir l'amitié de ne pas la différencier de l'amour. La Bruyère, entre autres, s'y emploie. Pour ma part, je vois la différence en ceci : l'amour vise la plénitude de la satisfaction même s'il ne l'obtient jamais et du coup se nourrit de l'insatisfaction. Seul peut-être l'amour mystique ferait exception.

L'amitié, elle, ne prétend pas accéder à la plénitude. On a beau attendre beaucoup de l'ami, on n'attend pas *tout* de lui. Elle n'exige pas d'être parfaite.

Pourtant à cette parfaite amitié Péguy a cru. Il l'a connue avec Bernard-Lazare. « À moi seul il disait ce qu'il pensait, ce qu'il sentait, ce qu'il savait. [...] Il avait un attachement mystique à la fidélité qui est au cœur de l'amitié. Ainsi naquit entre nous cette amitié, cette fidélité éternelle, cette amitié que nulle mort ne devait rompre, cette amitié parfaitement échangée, parfaitement mutuelle, parfaitement parfaite, nourrie de la désillusion, de toutes les autres, du désabusement de toutes les infidélités. »

Qui a eu la chance de rencontrer l'ami qui ne déçoit jamais et qu'on n'a jamais déçu ?

Proust encore. Il eut de nombreux amis (la liste en serait longue), mais quand, dans la *Recherche*, il traite de l'amitié, le jugement est sévère : « L'amitié, dont tout l'effort est de nous faire sacrifier la partie seule réelle et incommunicable (autrement que par le moyen de l'art) à un moi superficiel. » Le « moi profond », l'autre moi, il faut le chercher ailleurs, les amis vous en détournent.

Parfois, Proust reconnaît ce que lui apporte l'amitié : « L'ami va remuer notre vie dormante de toute son énergie » ; de Saint-Loup, dont la mort le fera pleurer, il dit : « Les mots qu'il jeta dans la chaleur du cœur que j'avais ce soir-là y allumaient une douce rêverie. Pour lui comme pour moi ce fut le soir de l'amitié. » Le soir, rien qu'un soir ?

Il semble bien que l'amitié l'ait déçu. Il en attendait autre chose. C'est seulement dans la solitude, dans la chambre close, une fois tous les « amis » tenus à distance que peut se déployer l'œuvre qui est la « vraie vie ».

Entre un homme et une femme ce glissement toujours possible, redouté, espéré, de l'amitié à l'amour.

« Vous avez renoncé à l'amour et moi aussi, et votre amitié me tiendra lieu de tout si vous êtes sensible à la mienne. » (Le Chevalier in *La Seconde Surprise de l'amour* de Marivaux.) L'amitié ne va pas tarder à ne pas tenir lieu de tout.

« Je ne croyais pas l'amitié si dangereuse. » (La Marquise.) Elle a perdu son mari. Il a perdu la femme qu'il aimait. Que craignent-ils ? de s'avouer leur amour ou de courir à nouveau le risque de perdre l'aimé ? L'amitié ressemble au jardin que partagent le Chevalier et la Marquise. Elle est un abri qui les protège de la douleur d'aimer.

Cette force qui enjambe l'absence

A. C. Vous disparaîtriez pendant dix ans que vous retrouveriez en moi la même amitié, aussi jeune qu'il y a des années quand je vous ai découvert en même temps que votre œuvre. Et je ne sais pourquoi j'ai le sentiment qu'il en est de même pour vous à mon égard. Quoi qu'il en soit, je voudrais que vous vous sentiez toujours libre et d'une liberté confiante avec moi.

R. C. Ils sont en si petit nombre ceux que nous aimons réellement et sans réserve, qui nous manquent et à qui nous savons manquer parfois, mystérieusement. Si bien que les deux sensations, celle en soi et celle qu'on perçoit chez l'autre, apportent même élancement et même souci.

A. C. Si je fais le compte de mes amis, d'esprit et de cœur, il est bref, et vous êtes celui dont je désire toujours sentir au moins la présence.

R. C. Chance de vous avoir rencontré il y a déjà des années et que l'amitié ait pris entre nous cette force qui enjambe l'absence.

Pas nous

« “Nous, on a un futur, on a quelqu’un à qui parler, qui s’intéresse à nous. Si les autres types vont en prison, ils peuvent bien y crever. Tout le monde s’en fout. Mais pas nous.

“Mais pas nous ! Et pourquoi ? parce que... parce que moi j’ai toi pour t’occuper de moi, et toi, t’as moi pour m’occuper de toi, et c’est pour ça.

“Mais pas nous. Raconte comment c’est pour nous.”

George resta un instant tranquille.

“Mais pas nous, dit-il.

— Parce que...

— Parce que moi, je t’ai et...

— Et moi, je t’ai. On est là tous les deux à se faire de la bile l’un pour l’autre, voilà !” s’écria Lennie triomphant. »

Quelle idée saugrenue de faire ainsi voisiner George et Lennie, Char et Camus ! M’est-elle seulement venue du fait qu'à quelques jours de distance, cet été-là, j'ai retrouvé mon vieil exemplaire de *Des souris et des hommes* et la *Correspondance* fraîchement parue qu'ont échangée pendant quinze ans le poète et l'écrivain ? Non, le rapprochement que j'établis entre ces deux êtres frustes, illettrés, et ces deux maîtres du langage n'est ni fortuit ni si intempestif qu'il le paraît. Ils me permettent, ce « Pas nous » et cette « force qui enjambe l'absence », d'être au plus près du cœur de l'amitié. La profonde, la véritable amitié différencie les deux amis de tous les autres : « Cette lettre serait bien négative, mon cher René, écrit Camus, si l'amitié n'était toujours présente. Reposez-vous, loin du cancer parisien où j'étouffe. » Et l'amitié détient ce privilège d'ignorer les intermittences du cœur comme les tourments de la passion amoureuse, oui, elle « enjambe l'absence », aussi espacées que puissent être les rencontres, elle est présence continue, elle est ce qui nous protège de la solitude et du noir. « Je voudrais vous redire, écrit Char, combien votre *existence* [le mot est souligné] me rassure et m'éclaire. »

Mes premiers amis

Mes premiers amis, je les ai rencontrés dans ce qu'on n'appelait pas encore des B.D. mais des albums : *Bicot*, et sa bande de copains toujours disponibles pour faire des bêtises, sans oublier à l'arrière-plan sa sœur Suzy ; *Zig et Puce* qu'accompagnait partout dans leurs aventures Alfred le pingouin ; le trio des *Pieds nickelés*, les sympathiques voyous aux noms inoubliables, grâce à eux trois, je me permettais de ne plus être un enfant « bien élevé ».

Un peu plus tard, ce fut dans les livres que je me trouvai des amis : *Pauvre Blaise*, *Sans famille*, et alors je pouvais me croire incompris, délaissé ; *Les Trois Mousquetaires*, « Tous pour un, un pour tous », mais contre qui irions-nous tirer l'épée ? Je manquais d'adversaires.

Plus tard encore, autour de mes quinze ans, c'est aussi dans des livres que j'ai cru trouver des amitiés exemplaires ; dans *Les Thibault* avec Jacques et Daniel, dans *Le Grand Meaulnes*, dans *Silbermann* et bien d'autres livres dont le titre m'échappe.

Je voyais là décrites les formes les plus différentes que peut prendre l'amitié, celle d'une révolte partagée contre l'autorité, celle de l'admiration du cadet pour l'aîné, celle de l'attrait, accompagné d'une certaine méfiance, qu'exerce un camarade de classe ostensiblement différent des autres.

Si j'ai d'abord cherché des amis dans les livres, c'est que dans ma vie d'enfant j'ai tardé à m'en faire. De la onzième à la septième, j'ai fréquenté un établissement privé qui, entre autres particularités, ne réunissait ses élèves, d'ailleurs peu nombreux, à peine une vingtaine par classe, qu'une fois par semaine afin de contrôler le travail effectué à la maison. Aussitôt le cours fini, ou plutôt le concours passé, car chaque semaine nous étions classés, chacun regagnait le huis clos familial. Pas le temps, ces années-là, de lier une amitié quelconque. C'est tout juste si je connaissais les noms de mes condisciples.

Il m'a fallu attendre l'entrée au lycée, en sixième, pour découvrir ce que pouvaient bien signifier ces mots : camarades de classe.

Les photos de ma classe prises chaque année dans la cour ont survécu aux déménagements, alors que presque tout — livres, journal intime, lettres, premiers écrits... — a disparu. Sur chaque visage, je peux mettre le nom correspondant, inscrit au verso, comme si, déjà à l'époque, je voulais m'assurer que ces noms, ces visages ne seraient pas perdus. D'année en année les condisciples, à quelques exceptions près — les redoublants, ou ceux qui avaient quitté le lycée —, restaient les mêmes. Les noms ne changent pas, mais, les regardant aujourd'hui, je vois les corps s'allonger, dont le mien, les culottes courtes laisser la place aux pantalons longs, les traits des visages s'accentuer jusqu'à devenir ceux d'un adulte.

Les plus petits sont assis au premier rang entourant le professeur ; ils croisent les mains à son exemple. Derrière eux s'échelonnent, debout par rangs de taille, les autres élèves. Quarante au total. Sur la photographie de la classe de philosophie, ils portent une cravate, quelques-uns, qui se piquent d'élégance, arborent une pochette. Tous ont l'air sérieux, réfléchi. Peu sourient. Nous sommes en 1941.

Cette année-là mon grand ami était Jean-Pierre B. D'origine espagnole, il m'emmenait certains soirs dans un cabaret nommé *Barcelone.* On y écoutait des guitaristes, du flamenco. Nous nous disions qu'un jour peut-être viendrait où nous irions ensemble à Barcelone, la vraie. Ce serait simple, un train nous y conduirait en quelques heures. Pour l'instant il s'agissait de ne pas rater le dernier métro. Vers onze heures, le patron du cabaret — par chance, nous n'y avons jamais vu un Allemand — annonçait en souriant : « On va bientôt fermer. » Jean-Pierre et moi grappillions quelques minutes supplémentaires de bonheur, jouant avec l'idée que si nous dépassions l'heure du couvre-feu nous risquions d'être arrêtés par des « hirondelles » — les policiers à vélo — ou, pire, par une patrouille de gendarmes allemands.

Deux ans plus tard, Jean-Pierre, que j'avais cessé de voir — à la suite d'une fâcherie, nos chemins avaient divergé —, fut effectivement arrêté avec son père qui, je crois bien, trafiquait au marché noir. Il mourut en déportation. Une pensée absurde me vient parfois : si nous ne nous étions pas fâchés, différend dont j'ai oublié l'origine, il eût échappé à la mort, notre amitié l'eût préservé.

Les autres, que sont-ils devenus ? Ce n'est que depuis quelques années que je me pose la question. Auparavant, je ne m'en souciais guère. Maintenant, je suis tenté, mais je ne donne pas suite, de chercher leurs noms dans des annuaires téléphoniques. Il y a quelque temps, j'ai croisé l'un d'eux dans la rue. Nous nous sommes reconnus après un bref moment d'hésitation. Il m'apprit qu'il était médecin en province, qu'il venait de prendre sa retraite. L. avait toujours été premier en sciences naturelles. En voilà un en tout cas qui avait suivi sa voie, à l'abri des coups du sort.

J'ai aussi gardé les photos de classe où c'est moi le professeur entouré de ses élèves guère plus jeunes que je ne le suis. J'imagine que si, à l'instar de L., j'étais demeuré sur cette voie toute tracée, ce sont des dizaines de photographies qui seraient remisées au fond d'un tiroir. Toute une vie au lycée, de l'enfance à la retraite. Pourquoi pas ? Après tout...

Chaque année passée au lycée comme élève, j'eus un « meilleur ami », celui qu'on raccompagne chez lui et qui vous raccompagne à son tour, dans une succession d'allers et retours, comme si on ne devait jamais se quitter, et pourtant on se quitte l'année suivante.

Très vite j'eus le sentiment qu'il n'était pas très difficile de trouver et de devenir le « meilleur ami ». Cette place-là, en chacun, était vacante, disponible, en attente. Une promesse à renouveler.

Ces amitiés d'une année se nouaient et se dénouaient pour ainsi dire toutes seules, aussi soudaines et imprévisibles dans leur naissance que dans leur effacement. Pourquoi me suis-je un temps entiché de Fernand D. ? Parce qu'il me fit connaître le champ de courses d'Auteuil, son paddock et ses tribunes, l'excitation des paris après consultation attentive de *Paris-Turf*, et que, sans m'en rendre compte à l'époque, je marchais ainsi sur les traces de mon père. Pourquoi me suis-je pris d'affection pour R. et pour M., décidément peu doués l'un comme l'autre, même en dessin, même en gymnastique ? Parce qu'ils étaient, l'un, fils d'un peintre en bâtiments, l'autre, fils de concierge et que, grâce à eux, je pouvais m'échapper de mon milieu social et découvrir une forme de gentillesse et de douceur insoupçonnée. Avec Bernard T. les choses étaient plus claires : tous deux bons élèves, nous pouvions discuter des heures de nos sujets de dissertation, comparer les mérites de Voltaire et de Rousseau, nous demander si l'instinct est le propre de l'animal, le langage le propre de l'homme.

Je n'oublie pas, au chapitre des amitiés saisonnières, celles des grandes vacances passées à Cabourg. Là, il s'agissait plutôt d'une bande que d'amitiés singulières. Très étrangement, elles ne vivaient, comme des fleurs, que l'été pour refleurir l'été suivant. Une fois terminées les parties de tennis, de ping-pong ou de croquet, une fois quittée la plage et retrouvé Paris, la « bande » se disloquait. Nous savions qu'elle se reconstituerait l'année d'après et qu'avec un peu de chance les amours enfantines ne se seraient pas évanouies dans l'intervalle.

Y aurait-il une saison de l'amitié ?

Camaraderie

Je crois que la force du Parti communiste ne reposait pas tant sur la croyance partagée en des lendemains qui chantent que sur le lien de camaraderie de ses militants. Entre autres crimes, le « camarade Staline » a assassiné le beau mot de camaraderie.

Camaraderie des combattants, des maquisards, des résistants. La camaraderie n'est jamais aussi forte, aussi nécessaire que face au danger, à la menace de la mort.

Camarades de collège, de régiment, de travail. Quand cesse le partage d'un même lieu, ces camarades sont oubliés. On les aimait bien pourtant, il nous arrivait de rire, de nous révolter ensemble. Cet ensemble n'existait que par une appartenance provisoire à une même communauté. Sartre disait avoir été heureux au stalag où il était prisonnier.

Du *Journal* d'Hélène Berr, j'extrais ces lignes :

« Les amitiés qui se sont nouées, ici cette année [1942], seront empreintes d'une sincérité, d'une profondeur et d'une espèce de *tendresse grave* que personne ne pourra jamais connaître. C'est un *pacte secret*, scellé dans la lutte et les épreuves » (mots soulignés par moi).

La souffrance physique ou celle qu'on qualifie de morale alors même qu'elle envahit notre corps ne se partagent pas. Elles s'éprouvent dans une extrême solitude, quelles que soient l'attention, la compassion dont font preuve nos proches. Mais cela cesse d'être vrai quand c'est une même douleur que connaissent les souffrants, dans un même lieu, dans un même temps, dans une promiscuité qui efface les différences individuelles. J'imagine que dans les camps de concentration, même s'il arrivait, paraît-il, qu'un déporté affamé s'empare d'un morceau de pain d'un voisin, tous étaient conscients de subir un même destin, d'éprouver la même douleur qui était celle d'un monde rejeté de l'humanité, à jamais abandonné de Dieu, où seul le Grand Exterminateur revêt le masque de la Loi.

Les amis disparus

La liste de mes amis disparus est longue. Elle s'allonge de jour en jour. J'en viens, et n'en suis pas fier, à anticiper les futurs morts. J. et S. sont nés la même année que moi. Me précéderont-ils ou m'en irai-je avant eux ? Serai-je leur ami disparu ?

Les amis disparus me rendent visite dans nombre de mes rêves. Je les accueille avec un mélange de bonheur, celui de les retrouver, et d'une immense déception car je pressens à quelques signes, dans le clair-obscur de la nuit, qu'ils reviennent du pays des morts et qu'ils s'apprêtent à y retourner. Ils ne font que passer. Nous échangeons un bref salut.

Même ceux d'entre eux qui m'ont souvent irrité, avec qui je me suis fâché, sont là, souriants, bienveillants. Alors, je me dis que l'amitié est plus forte que la mort, qu'elle survit à la séparation, à l'absence, à moins qu'une certaine qualité d'absence ne soit au cœur de l'amitié. La présence de l'ami est discrète, elle n'est jamais intrusive, possessive.

Si des amis disparus viennent me tourmenter dans mes rêves nocturnes, je sais aussitôt qu'ils m'ont de leur vivant pris pour objet de haine et que, sans le reconnaître, je les ai, de mon côté, détestés. Ce sont des rêves de vengeance réciproque.

J'aimerais croire que la ligne de partage entre les bienveillants qui protègent mon sommeil et les malveillants qui le malmènent est une frontière infranchissable. Une barrière efficace qui tient à distance la méchanceté humaine.

La nuit dernière, j'ai rêvé d'une amie très chère, détruite par la maladie et que j'allais voir presque chaque jour à l'hôpital. Elle me disait : « Pourquoi ne me donnes-tu plus signe de vie maintenant que je suis morte ? »

Quelques heures plus tard me revient en mémoire ce passage de l'*Iliade* où Patrocle, devenu une ombre, reproche à Achille de l'avoir oublié : « Tu prenais soin de moi lorsque j'étais en vie, tu me négliges mort. »

À travers les siècles, c'est la même plainte formulée avec une insistante douceur que nous adressent les amis morts comme si le seul fait de leur survivre était une trahison.

Collègues

Les amis, les camarades, les copains, ce sont là des mots qui aussitôt m'évoquent des noms, des visages, telle ou telle saison de ma vie. Des mots dont je sais à quoi, à qui ils correspondent. Des mots aimables.

Celui de collègue, je ne le trouve guère aimable. Il désigne un rapport purement social : l'appartenance à une institution commune, à une même entreprise — une « culture d'entreprise » partagée, se plaisent à croire les patrons —, la fréquentation d'un même lieu de travail. Les lettres que je reçois adressées à « Mon cher collègue » ne tardent pas à aller à la corbeille.

Certes, il arrive qu'un collègue devienne un ami. Professeur de lycée, je ne fréquentais guère les autres professeurs. Chacun enseigne sa discipline, chacun a sa classe, s'occupe de ses élèves. On ne parlait pas à l'époque d'« équipe éducative », de « projet d'établissement ». Nous cohabitions, voilà tout. Nous échangions quelques mots dans la « salle des profs », nous émettions un avis sur nos élèves respectifs lors des conseils de classe ; le jour de la distribution des prix (comme nouveau venu au lycée Masséna, il me revint de prononcer le « discours d'usage »), nous nous regroupions sur l'estrade avant de nous souhaiter de bonnes vacances.

À Nice, j'avais de l'estime pour mon collègue de philosophie, Passeron, un communiste intelligent et chaleureux. Pour un peu, il m'aurait fait adhérer au P.C... Et je me liai d'amitié avec Paul Viguier, peu soucieux, lui, de politique et dont la « philosophie » était avant tout hédoniste. Il me fit connaître, à bonne distance de la plage caillouteuse et peu attirante de la ville, au-delà du port, un chemin bordant la mer situé au pied d'une demeure où séjourna Maeterlinck qui portait le beau nom d'Orlamonde. De là, nous plongions dans des eaux transparentes. Viguier prenait grand soin de son corps, faisait lui-même son marché sur le mail où il savait trouver les fruits les plus délectables, savourait tous les plaisirs que peut offrir la vie. Il ne s'appliquait pas à les rechercher, il était simplement doué pour les accueillir. Bref, c'était un homme charmant qui donnait du charme aux heures de chaque jour, même à celles passées dans l'enceinte du lycée. Et puis il aimait les livres — je crois qu'il rêvait d'en écrire un, mais il en rêvait seulement —, alors que mes collègues agrégés de lettres classiques, à ma grande déception, limitaient leurs lectures à celle du Goncourt de l'année.

À Orléans, je me fis de bons copains. Dans le couloir du train bondé qui nous ramenait à Paris, nous bavardions, tout contents d'en avoir fini avec nos cours de la semaine. Bizarrerie de la mémoire : à l'instant, je me souviens de ce jeune professeur qui me parla du *Neveu de Rameau* avec tant de ferveur que je me hâtai de me procurer le livre, aussitôt rentré. Vive la liberté !

À Alexandrie, j'ai joué au tennis, j'ai fait du théâtre, j'ai même tâté du haschisch avec quelques collègues de mon âge. Mais, tout compte fait, pour ce qui est de l'amitié, la moisson reste maigre.

Depuis une trentaine d'années, je consacre une bonne partie de mon temps à mon travail d'éditeur. Jamais il ne m'est venu à l'esprit de considérer comme des « collègues » ceux qui travaillent rue Sébastien-Bottin. J'y compte quelques amis proches et ceux qui me sont moins proches je les tiens aussi pour des amis — peu m'importe si c'est de ma part une illusion. J'aime les retrouver chaque matin. Leurs noms, leurs prénoms sont inscrits en moi comme l'étaient, autrefois, ceux de mes camarades de classe.

Je crois bien être aujourd'hui un des plus anciens de la « Maison », en âge et en années de présence. Cette ancienneté me rassure. J'y vois la marque d'une continuité, le signe d'une permanence. Je ne sens pas le temps passer, ce qui me donne la douce illusion de ne pas vieillir. J'aime être un petit maillon de la longue histoire — un siècle — de la *N.R.F.*

Autre institution, l'Association psychanalytique de France (en abrégé A.P.F.) dont je suis membre depuis plus de quarante ans (je préfère dire : je suis membre de... plutôt que : j'appartiens à...).

C'est très spécial, une société de psychanalyse, cela ne ressemble à aucun autre groupe.

Certes, on y trouve à l'œuvre, comme partout, des rivalités, des enjeux de pouvoir. Parfois s'y forment des clans, des alliances et s'y opèrent des renversements d'alliances. On y redoute que l'un des membres ne prenne trop d'ascendant, n'abuse de son influence. On se tutoie, on s'embrasse, on s'observe. Plus qu'ailleurs peut-être les narcissismes s'affrontent, un rien les exacerbe.

Mais là n'est pas l'essentiel. Vous avez pour collègue aussi bien celui qui fut votre analyste que celui qui fut votre patient. Vous voisinez avec celui dont vous avez « supervisé » (on dit aussi « contrôlé ») les premières cures. Vous vous trouvez donc pris dans un réseau de transferts — et c'est d'une force incroyable, le transfert, et ça ne se « liquide » jamais. Une société d'analystes est, comme toute famille et ce qui tend à y ressembler, une tribu endogamique, un bouillon de culture de névroses.

Ne noircissons pas trop le tableau : je dois beaucoup à l'A.P.F. : échanges d'expériences et d'idées, rencontres fécondes, amitiés durables. C'est grâce à elle et à mes patients — oui, surtout à mes patients — que je suis devenu analyste tout en sachant cesser de l'être quand je quitte fauteuil et divan. Aujourd'hui, je me suis quelque peu éloigné de l'A.P.F. J'ai tendance à y voir comme dans toute institution un monde — un petit monde — clos sur lui-même, enclin à se satisfaire de ce qu'il est. Jugement injuste, à coup sûr, qui n'est peut-être que l'effet de ma claustrophobie et qui vient de ce besoin, si vif en moi, d'ouvrir portes et fenêtres, de sortir de tout ce qui me rappelle l'enfermement familial. Il me faut changer d'air, m'éloigner de l'entre-soi.

Et puis, une question me tarabuste : si chaque cure est une invention riche en trouvailles, en surprises, la psychanalyse, cette « jeune science » selon Freud, est-elle encore inventive ? Transmettre un savoir n'est pas bien difficile. Faire état de ses interrogations, de ses incertitudes, pourquoi pas ? C'est plutôt bien vu. Mais transmettre ce qu'on ne possède pas est une autre affaire ; pourtant cela seul permettrait aux nouveaux venus d'inventer à leur tour. La fonction de toute institution est de reproduire du même, du conforme. J'imagine mal qu'elle puisse favoriser l'invention. Guy Goffette le dit bien :

On est devenu si savant
aujourd'hui de tous côtés qu'il n'y a plus moyen
de penser librement de travers

Décidément je répugne à toute appartenance. Comment pourrais-je *appartenir* à une institution, à un groupe, à une personne alors que je ne m'appartiens pas moi-même ? Ce que j'apprécie dans l'amitié c'est qu'elle n'est pas possessive. L'amour, lui, quoiqu'il s'en défende, tend toujours à *s'approprier* l'autre — manière de le nier.

Qu'est-ce que je cherche en écrivant un livre ? Je ne souhaite pas prendre le lecteur dans mes filets, je souhaite au contraire le laisser libre d'imaginer à son tour, je voudrais m'approcher de lui, le rejoindre avec l'espoir de faire de cet inconnu un ami intime. Deux intimités, deux voix en viennent alors à se répondre. Résonance. Correspondance.

Je n'écris pas pour mes « chers collègues ».

Compagnons imaginaires

Souvent les enfants s'inventent un compagnon. Souvent aussi ils donnent à ce compagnon imaginaire des noms bizarres. Des psychanalystes qui ont eu à connaître plusieurs « cas » de ce genre ont relevé quelques-uns de ces noms forgés par l'enfant : Nosey, Ronzar, Courco, Poudisk, Kaya...

Autre trait étrange : alors que, pendant des années, l'enfant semble ne pas pouvoir se passer de son compagnon, il arrive, sans qu'on en comprenne bien la raison, qu'il n'en soit plus question, le compagnon se volatilise ; on dirait que l'enfant n'en a plus besoin, sa présence à ses côtés qui lui était nécessaire, peut-être même vitale, a soudain cessé de l'être. Il a fait son temps.

Pour bon nombre de nos amitiés d'adolescent ou parfois d'adulte, n'en est-il pas de même ? Celui dont je pensais qu'il m'était indispensable va de son côté, moi du mien.

Les psychanalystes ont pu noter que la création

par l'enfant d'un compagnon imaginaire — car il s'agit bien d'une création — est liée à certains événements. Elle peut apparaître après la naissance dans la famille d'un nouvel enfant venant déloger le premier-né de sa place d'unique. Ou bien ce sera après la mort d'un frère ou d'une sœur, et alors il faut lui trouver un remplaçant. Elle peut encore être le fait d'un enfant adopté qui, à son tour, va « adopter » un compagnon. Elle peut témoigner d'un désir d'engendrement, et ce serait une sorte de défi adressé aux parents : « Moi aussi, je suis capable de fabriquer un enfant. »

Imaginaire, c'est ainsi que nous qualifions le compagnon, mais le mot convient-il ? car l'enfant y croit dur comme fer. Il sait le différencier de ses camarades — de jeux, de classe — appartenant au monde réel et pourtant il lui attribue une existence si évidente, si convaincante que parfois l'adulte lui-même peut s'y tromper. Le statut du compagnon imaginaire nous déconcerte, nous qui sommes attachés à la distinction du vrai et du faux, du réel et du fictif et sommes prêts à récuser tout ce qui ressort de l'illusion. Nous hésitons cependant à voir dans la création de ce compagnon un mensonge ou une fabulation — l'enfant se mentant à lui-même ; nous ne sommes guère satisfaits non plus si nous parlons de fantasme ou alors il s'agirait d'un fantasme assez puissant pour réussir à *prendre corps*.

Je me souviens de ce qui est arrivé à une jeune psychanalyste qui a raconté sa mésaventure dans un numéro de la *N.R.P.* Le petit garçon de douze ans, qu'elle nomme Pierre, lui annonce un jour : « Papa a acheté un chien dimanche », réalisant ainsi un souhait souvent exprimé que les parents s'étaient toujours refusé de satisfaire. Ce chien nouveau venu, Pierre le décrit avec précision : brun, museau blanc, poil doux, c'est un mâle, « un bâtard, mais il est beau ». À chacune des séances qui suivent, il est question du chien, il occupe toute la place. Les détails se multiplient : les visites chez le vétérinaire, un trajet en voiture où le chien n'avait cessé de s'agiter au point que le père excédé avait dû lui administrer une piqûre calmante. Ce dernier point intrigue un peu l'analyste, elle pense que le père aurait mieux fait de donner des comprimés... mais enfin pourquoi pas ? Et puis elle est d'autant plus émue que cette histoire de chien s'entremêle toujours davantage, au fil des séances, avec celle, douloureuse, du petit garçon abandonné par sa mère, adopté tardivement à l'âge de sept ans, après avoir été longtemps confié à un couple nourricier auquel il était très attaché.

Vient une rencontre avec les parents adoptifs. Et là, stupéfaction.

« Pierre a dû être drôlement content ?

— De quoi ?

— Du chien.

— Quel chien ? »

Il n'y avait pas de chien. Il n'y en avait jamais eu.

Bien sûr, l'analyste — on n'est pas analyste pour rien ! — ne tarde pas à reconnaître ce qui a pu être à l'origine de ce qu'elle nomme sa balourdise, sa bévue ou sa fascination. Comment son « contre-transfert », ou plutôt son propre transfert sur cet enfant, a-t-il pu l'aveugler ? Si elle, de son côté, a fait exister ce chien et lui a donné vie, si elle y a cru, tout comme Pierre, « dur comme fer », si elle a négligé des contradictions dans le récit de Pierre qui auraient pu l'éclairer, c'est sans doute parce qu'il y avait dans sa propre histoire d'enfant des éléments qui lointainement faisaient écho à celle du garçon. Elle se serait laissé séduire.

« Lorsque les parents de Pierre me dirent que le chien n'existait pas, je réagis comme un enfant qui veut que les histoires qu'on lui raconte soient vraies », écrit Viviane Abel-Prot, l'auteur de l'article que j'ai résumé ici trop succinctement.

Ne sommes-nous pas, à cet égard, pareils à des enfants ? Quand je lis un roman, j'ai besoin de croire, pour y adhérer, en ce qu'il raconte. Pour motiver son refus d'un manuscrit soumis à l'éditeur, Georges Lambrichs disait tout simplement : « Je n'ai pas marché. » Voilà, il faut que le romancier nous fasse marcher en sa compagnie. Si le roman me paraît par trop invraisemblable, je décroche, et s'il se termine par « Toute cette histoire n'était qu'un rêve » (je pense là à un roman d'Alfred Kubin), j'ai le sentiment d'avoir été dupé, que son auteur a abusé de ma crédulité. Il m'a fait marcher, mais en me laissant seul, cette fois.

Viviane Abel-Prot a, avec humour, intitulé son article « *Cave canem* ». Mais fallait-il se méfier de ce chien ? C'est bien parce qu'elle a pu, tout un temps, partager avec Pierre son roman si peu conforme aux *faits* que la cure s'est poursuivie et a trouvé son dénouement. Imaginons un instant que les parents aient dès le départ informé l'analyste de l'inexistence du chien, rien n'aurait eu lieu. Le petit garçon serait resté confiné dans sa souffrance et sa solitude. Son roman l'en a délivré, sa « lectrice » était avec lui.

Relisant l'histoire de Pierre et celles de quelques cas de compagnons imaginaires, je me demande si nous en connaissons jamais d'autres. Que nous « inventions » nos objets d'amour, nous pouvons à la rigueur l'admettre, surtout si nous avons lu Proust... Mais, en ce qui concerne nos amis, nous sommes persuadés que ce qui nous attache à eux résulte de leurs qualités réelles (et de leurs défauts). Il arrive pourtant que, longtemps après, quand nos liens se sont distendus ou défaits, ou quand nous décidons que certains de nos attachements n'étaient que des engouements passagers, dus à notre seul besoin, à ce moment-là, de nous trouver un nouvel ami, il arrive qu'alors ces compagnons passent dans notre imaginaire.

Je ne crois pas m'être fabriqué un compagnon imaginaire dans le sens fort du terme, sauf peut-être ce bien lointain petit Chinois que j'ai évoqué dans *Le Dormeur éveillé*. En revanche, je sais avoir été fasciné dans mon enfance par un roman racontant l'histoire de jumeaux. De ce roman, j'enrage aujourd'hui d'ignorer le titre et le nom de son auteur. Aucune trace, sinon celle d'une absence. Un frère jumeau, le rêve d'un vrai frère, d'un double rassurant : nous nous protégerions mutuellement, parfois des étrangers nous confondraient, nous prendraient l'un pour l'autre, et cela nous mettrait en joie... Un jumeau imaginaire, le plus vrai, le moins contestable des compagnons, celui qui, dès le premier jour, et à jamais, vous tient compagnie.

Comment ai-je pu écrire à l'instant qu'au sens fort du terme je n'avais pas eu de compagnon imaginaire ? J'en ai eu un, qui était aussi bien réel. C'était un chien, qui n'était pas un bâtard, un chien aux oreilles pendantes, au regard implorant, mais il suffisait que je l'emmène se promener avec moi pour qu'il soit tout joyeux et me fasse la fête. De ce chien bien-aimé et bien-aimant, j'ai rêvé des centaines de fois, j'en rêve encore quarante ans après sa mort. Il est devenu et restera toujours mon compagnon imaginaire.

« Quelqu'un manque », c'est le titre d'un très beau texte de Christian David. « Quelqu'un », il n'a pas de nom, à moins qu'il ne les ait tous — celui d'un père, d'une mère, d'un frère, d'une sœur, d'un ami, de moi-même si éloigné de mon idéal ou de « je » quand ce que je crois être mon identité vacille. Un chien, rien qu'un chien, peut donner une figure à ce quelqu'un. *Cave canem*, non, décidément.

Coup de vieux, coup de jeune

En l'espace de quelques jours je déjeune avec de vieux amis, vieux par l'ancienneté de notre lien, vieux par l'âge qui, à quelques années près, est aujourd'hui le mien. C'est d'abord le plaisir de vérifier qu'à travers le temps la fidélité demeure, puis vient la tristesse de constater ce que notre conversation a de répétitif. Toujours le même disque : souvenirs cent fois rappelés, anecdotes déjà racontées, mais « qu'importe, raconte, je l'ai sûrement oubliée », allusions amusées — surtout éviter les jérémiades — à nos misères physiques.

Mélange d'attendrissement et d'abattement. La répétition rassure, il y a dans ce retour du même comme un arrêt du temps. Elle m'afflige aussi : ce temps immobile annoncerait-il l'immobilité définitive, celle de la mort ?

Comme j'ai hâte alors de rejoindre des amis sensiblement plus jeunes que moi ! Ils sont vifs, leur gaieté, leur ironie légère m'éveillent. Ils me donnent un coup de jeune. Les coups de vieux, je connais, je n'ai pas besoin que mes vieux amis m'en infligent davantage.

Le courant

Rue de Chevreuse, un lieu protégé, charmant, nommé Reid Hall (il abrite des étudiants américains), une rencontre organisée par l'association *Textes et voix* qui, ce soir-là, réunit quelques auteurs récents de la collection « L'un et l'autre ». Un comédien, excellent, Alain Liebolt, lit des extraits des livres retenus. *Textes* apparemment sans rapport entre eux, distants par le style, le sujet traité mais une *voix* unique ; seul le ton diffère, grave, enjoué, neutre, ou le débit, lent, précipité, et voici que quelque chose rapproche ces auteurs, les fait voisiner, les textes étrangement se répondent, l'auditeur passe sans rupture de l'un à l'autre, l'amitié déjà est au rendez-vous.

Après quoi nous nous retrouvons dans un café proche. Plusieurs des auteurs invités ne se connaissaient pas, ils avaient publié dans la même collection, voilà tout. Et là, alors que nous sommes serrés autour d'une table, se produit de l'inattendu qui me procure un rare plaisir. Entre eux, très vite, le courant passe. Ce courant n'est pas électrique, ce serait plutôt le courant d'un ruisseau, encore proche de sa source, un courant léger, joyeux, qui avance à vive allure (le vin blanc nous aide !) et creuse son chemin. Nous parlons, nous rions, nous nous moquons gentiment les uns des autres.

Je m'inscris en faux contre l'affirmation de Richard Millet selon qui l'amitié entre écrivains n'existerait pas. Ce jour-là, en tout cas, nous l'avons vue naître. Il se peut qu'elle ne se manifeste dans l'avenir que de manière intermittente, qu'importe ! Cette soirée, je le sais, reste précieuse pour chacun des participants.

Le courant de l'amitié ; ce qui fait passer de l'un à l'autre, ce qui fait que l'autre n'est pas tenu pour un rival potentiel ; non, il est celui qui, justement parce qu'il est différent de moi, par son histoire, son caractère, son milieu, son âge, me permet d'être différent de moi-même.

J'en appelle à Héraclite ! « Des dissonances résulte la plus belle harmonie. »

La main rêvée

Cet homme, un peintre connu, est gravement malade. Il sait qu'il n'a plus que quelques mois à vivre. Les médecins le lui ont dit, face à son insistance — « Je veux savoir » —, ajoutant aussitôt que les statistiques pouvaient être prises en défaut, qu'elles n'avaient pas *force* de loi.

D'un rêve il n'a gardé qu'une image et un nom. L'image est celle d'un index tendu vers le sien ; entre les deux un léger écart.

Le nom est Lefort.

Il se souvient alors d'une carte postale qu'un ami lui a adressée de Rome, peu de temps avant que ne tombe le verdict médical. Cette carte, il l'a conservée, il l'a posée sur un des rayonnages de sa bibliothèque. Elle représente un fragment de la fresque de la chapelle Sixtine, *La Création d'Adam.* Le doigt de Dieu et le doigt d'Adam vont à la rencontre l'un de l'autre, leurs mains se sont cherchées, elles sont en cet instant près de se rejoindre. Miracle de la création. La vie se transmet, le courant passe.

Ce rêve l'a bouleversé. Il a soudain pensé que ce Dieu auquel il n'avait jamais cru pouvait être un ami tout-puissant qui protège et donne de la force. Il a repris espoir. Il s'est dit que sa mort prochaine n'était pas inévitable, que ce n'était pas elle qui allait le saisir, il s'est dit que la mort n'était pas l'opposé de la naissance, mais qu'elles étaient liées comme l'envers et l'endroit. Il s'est convaincu qu'il était encore possible pour lui de créer quelque chose. Il ne quitte plus son atelier. Il s'y active, fébrilement. Il prépare sa prochaine exposition avec une énergie qu'il n'avait pas connue depuis longtemps.

Dans le combat avec la mort annoncée, il saurait être le plus *fort*... pour un temps.

Le sens de l'amitié

Jean-Pierre Vernant, c'est d'abord pour moi la plage de Samzun, à Belle-Île. Jipé et sa bande, été après été, à l'abri derrière une petite muraille de rochers — c'était leur emplacement, que personne n'aurait eu l'idée de leur prendre. Jipé, pas très grand, mais râblé, musclé, véloce, jouant au volley-ball. Jipé crawlant vigoureusement pendant près d'une heure et sortant de l'eau en affirmant qu'elle était « délicieusement fraîche » alors que nous en revenions tout frissonnants. Jipé commentant, cette année-là, en y prenant un plaisir évident, la piteuse équipée du *Rainbow Warrior* dont *Le Monde* faisait la chronique quotidienne. Jipé conduisant à vive allure sa vieille 2 CV sur les routes étroites de l'île jusqu'au jour où elle roula dans le fossé, ce qui le vexa affreusement.

Et ce dîner mémorable dans la petite maison de Kerouarc'h, un dîner devenu légendaire qui réunissait certains de ses plus vieux amis, Elissalde, Rouget, et d'autres, plus récents, dont j'étais. J'y avais imité Lacan envoûtant l'auditoire de son séminaire, ce qui avait mis Jipé en joie. Nous y avons vidé pas mal de bouteilles que son petit-fils Julien — dix ans à l'époque — s'employait à dénombrer.

De ces années de longues vacances d'été, je n'ai que des souvenirs heureux, lumineux, et pour une large part je les dois à Jipé.

Puis vinrent des années sombres, pour lui, donc pour nous, ses amis : mort de sa femme, Lida, la compagne de toute une vie (elle avait quatorze ans, lui dix-huit quand ils se sont rencontrés), mort de sa fille Claude. Qu'elle disparaisse avant lui lui était insupportable comme quelque chose qui aurait violé les lois de la nature et les règles de la filiation.

Je crois bien que de ce double coup-là qui lui fut asséné à peu d'années de distance, Jipé ne se remit jamais. Il continuait à appeler « mon gentil », « ma gentille », les enfants, les jeunes femmes qui éprouvaient pour lui de l'affection, de la tendresse — et cela faisait du monde. Il se montrait toujours aussi chaleureux, attentif, disponible, mais c'était un homme déchiré de l'intérieur, un homme cassé, lui qui représentait pour moi et pour tant d'autres la solidité même. Apparemment solide, actif en tout cas, il le resta. Il écrivit encore des livres, en particulier celui où il se révéla un formidable conteur, il donna des conférences en France, à l'étranger, répondant positivement à ceux qui sollicitaient ses interventions, alors qu'il prétendait n'avoir plus rien à dire, être parvenu au bout de sa course — c'est tout juste s'il ne se traitait pas de vieillard radotant, tandis que nous nous demandions d'où lui venait cette incroyable énergie, comment, malgré les deuils et la maladie dont il souffrait, elle ne l'avait pas quitté, était encore celle qui l'avait conduit dans sa jeunesse à combattre l'occupant, les armes à la main. Oui, d'où lui venait-elle, cette incroyable énergie qui n'a jamais cessé de l'habiter ?

Décembre 2006, un soir à la Maison de l'Amérique latine. Il y a été invité à parler d'un livre, non de l'un des siens mais de celui d'un ancien et fidèle camarade, Victor Leduc. Quand il pénètre dans la salle, il peine à marcher, on le soutient, il paraît épuisé — il l'est. Et voici qu'une fois assis devant sa table il commence à parler : voix forte qui pourrait être celle d'un tribun, articulation parfaite, mots justes trouvés sans la moindre hésitation. Pas d'emphase, pas d'effets de style, mais une parole claire, directe, comme destinée à toucher chacun de nous, une parole portée par un puissant désir de convaincre, ou plutôt de *trans-*

mettre. Vernant, on le sait, fut un professeur incomparable, du lycée Fermat de Toulouse jusqu'au Collège de France. Une mémoire vivante aussi, celle qui rend le passé présent.

Après une heure, il s'en alla comme il était venu, à bout de forces. Je sus, ce soir-là, que je ne le verrais plus. De fait, il mourut quelques semaines plus tard, le 9 janvier 2007. Il avait quatre-vingt-treize ans.

Il n'a pas d'âge.

Quittant la Maison de l'Amérique latine, je marchai seul longtemps avant d'entrer prendre un verre dans un café comme s'il y avait une chance que Jipé m'y rejoigne. À défaut de sa présence ce furent des images qui vinrent à ma rencontre sans que je les sollicite. Celles, déjà évoquées, de la plage de Samzun et du dîner légendaire. Celle, plus ancienne, du Comité des intellectuels contre la guerre d'Algérie ; au cours de débats souvent tendus, nos positions, à Vernant et à moi, étaient semblables ; ce fut là, je crois bien, le commencement d'un lien qui se renforça par la suite. Autre souvenir : celui d'un colloque où, bataillant contre Anzieu, Vernant avait vigoureusement soutenu la thèse d'un « Œdipe sans complexe » — on aurait dit qu'il était lui-même cet Œdipe-là ! Et puis les années de travail en commun autour du *Temps de la réflexion* dont il inspira bien des thèmes. Et puis, et puis — la liste serait trop longue —, ce moment qui me fait encore sourire : nous avions été tous deux conviés à l'une des « Rencontres internationales de Genève », je ne sais plus en quelle année (ma mémoire de Jipé obéit mal à la chronologie, elle traverse les temps). Au poste frontière, je m'aperçois que j'ai oublié mon passeport. Les douaniers me refusent le passage. Alors Vernant sort de sa poche sa carte de Compagnon de la Libération. Les douaniers, confus, s'inclinent et les gendarmes présents se mettent au garde-à-vous. C'est bien la seule fois que j'ai eu droit à des honneurs militaires, cela grâce à l'auteur de *La Traversée des frontières* !

Il n'y avait décidément pas que les années de Belle-Île pour nous avoir rendus proches l'un de l'autre. Auprès de lui j'ignorais le découragement matinal de l'« À quoi bon ? » ou cette humeur morose qui est souvent la mienne quand je ne vois plus rien à espérer.

Je reprends ma question : d'où lui venait cette énergie ? De s'être trouvé si vite orphelin (un père tué en 1914, une mère morte peu de temps après) ? Serait-ce cette situation qui l'aurait contraint à ne trouver de soutien qu'auprès de son grand-père qui l'éleva, de son frère Jacques, de ses cousins, de ses copains, et plus tard de ses camarades de la Résistance et, pour un temps, du Parti ? Peut-être, mais je cherche une réponse plus convaincante et je la trouve dans ce que Vernant écrit de la rencontre entre Ulysse et Calypso. Tout lecteur de l'*Odyssée* se souvient de l'épisode : Calypso, la déesse, propose à Ulysse rien de moins que d'écarter de lui pour toujours la vieillesse et la mort, de le rendre immortel comme un dieu. Ulysse refuse l'immortalité qu'elle lui offre, il refuse d'être coupé de la vie, il refuse d'oublier Ithaque, il choisit, écrit Vernant, « sa vie précaire et mortelle, les épreuves, les errances sans cesse recommencées, ce destin de héros d'endurance qu'il lui faut assumer pour devenir lui-même ».

Affronter la mort, en courir le risque, la braver, tout en s'adonnant sans réserve à ce qu'offre la vie — l'amour, l'amitié, le plaisir —, n'est-ce pas là la véritable source de l'énergie de Vernant, ce « héros d'endurance » ?

Je croyais connaître tous ses livres et voici que je découvre dans le second volume de ses *Œuvres* un court texte que j'ignorais. Il s'intitule « Tisser l'amitié ».

J'aurais aimé trouver cette image du tissu. Je me reconnais dans ces mots : « Parfois, il faut donner des coups de ciseaux dans le tissu, même avec des gens qu'on a beaucoup aimés, couper pour que le tissu continue [...]. On peut couper le tissu pour être fidèle, fidèle à soi-même. » C'est bien ce que fit Vernant quand il rompit avec le P.C. « Je considérais que dans cette rupture, j'étais absolument fidèle à ce qu'il y avait de plus profond, de plus valable aussi dans mes engagements premiers. »

Je me suis souvent demandé et me demande encore aujourd'hui comment une amitié s'était tissée entre nous. La psychanalyse n'était pas, c'est le moins qu'on puisse dire, sa « tasse de thé ». Peut-être m'a-t-il trouvé un peu différent de la corporation freudienne et assez différent de lui pour pouvoir me reconnaître comme un autre proche avec qui on prend plaisir — tel est le paradoxe de l'amitié — à partager ce qui vous sépare. Peut-être aussi, lui qui s'était toujours refusé à livrer quoi que ce soit de son intimité, appréciait-il que je n'aie pas ce scrupule.

Et si, tout simplement, nous étions tous deux dotés de ce sixième sens qui s'appelle le sens de l'amitié ?

Avoir rencontré Jipé est une des plus grandes chances de ma vie.

Avec le temps

C'était en 1946 ou 1947, c'est loin dans le temps, mais ce qui est loin dans le temps peut devenir si proche, si vivement présent pour peu que la mémoire soit éveillée par une image, par le son d'une voix, la saveur d'un fruit ou par un rêve qui furtivement nous fait dire : « Tiens, c'est bien lui qui entra ce jour-là chez moi. »

C'était donc en 1946 ou 1947. J'habitais alors quai Voltaire dans un atelier au fond de la cour. La porte en restait toujours ouverte. Les amis y venaient quand ils voulaient. Un jour ce fut un inconnu qui se présenta, souriant. Un jeune homme maigre, longiligne, les cheveux allant vers le roux, qui me proposa tout de go de lui succéder au lycée Charlemagne où il enseignait la philosophie. Il venait, me dit-il, d'être admis à un concours de l'Assemblée nationale, concours qui lui garantissait un emploi largement mieux rémunéré — ce n'est pas difficile ! — que celui de professeur. Sartre lui avait donné mon nom et mon adresse. Pouillon avait annoncé son départ à l'inspecteur général Gustave Monod qui avait beaucoup d'estime pour lui, et M. Monod lui avait dit : « Trouvez-moi quelqu'un pour vous remplacer. » Les choses pouvaient se passer ainsi, à l'époque, le plus simplement du monde.

Je n'avais alors pour tout diplôme qu'une licence et un D.E.S. de philosophie. Je déclinai l'offre, je me demande aujourd'hui pourquoi. Peut-être ne me sentais-je pas de taille à affronter des élèves d'un bon lycée parisien — ceux d'un établissement du fin fond de la province, à la rigueur... Peut-être aussi ne me sentais-je pas à la hauteur de ce jeune homme de huit ans mon aîné, qui avait déjà à son actif une assez longue expérience de l'enseignement ainsi qu'un livre publié, chez Gallimard de surcroît, *Temps et roman*.

Et puis vinrent les réunions des tout jeunes *Temps modernes* dans l'appartement de Mme Mancy, la mère de Sartre, situé à l'angle de la rue Bonaparte et de la place Saint-Germain-des-Prés. Sartre habitait là, je ne sais s'il y passait toutes ses nuits mais en tout cas il y travaillait, son bureau était encombré de livres ; il y recevait parfois, le plus tard possible, à la toute fin de la matinée, quelques visiteurs triés sur le volet — son secrétaire avait pour tâche d'écarter les importuns — avant d'aller rejoindre le « charmant Castor » pour le déjeuner.

Je nous revois, entassés dans une pièce minuscule, enfumée, les uns debout, les autres assis à même le sol, pas loin d'une vingtaine, rien que des hommes, à l'exception du Castor. À cette réunion hebdomadaire (?) Pouillon arrivait souvent en retard, accompagné de François Erval au sortir d'un match de football qu'ils ne manquaient pas de nous commenter, ce qui avait le don d'agacer Merleau-Ponty : ce n'était pas en parlant de football que le prochain numéro de la revue allait se construire ! J'imagine que cela ne déplaisait pas à Pouillon, d'agacer. Il savait comme personne manier l'ironie, le paradoxe était son fort. Oui, mais quand les choses devenaient vraiment sérieuses, il n'y allait pas de main morte, il fonçait tête baissée.

J'ai relu récemment quelques éditoriaux signés T. M., mais qui étaient en réalité de sa plume : contre la « sale guerre » d'Indochine, contre celle d'Algérie, plus détestable encore car elle ne s'avouait pas comme telle. Contre de Gaulle aussi, qui était sa bête noire. Ah ! les colères froides de Pouillon, cette violence, mais toujours argumentée, destinée à mettre en pièces l'adversaire, et ce sens des formules ! Un exemple : ce mot féroce décoché en direction d'un certain préfet de police : « Poubelle était le nom d'un préfet. Qu'appellera-t-on un Papon ? » S'il avait eu le goût du journalisme, quel polémiste il aurait fait !

Il partageait avec Sartre le jugement qui tranche, impitoyable. Le compromis, le savant dosage du pour et du contre alternés que cherche à ennoblir le mot de dialectique, très peu pour lui.

J'aimais qu'à côté de ses combats politiques sans concession il soit resté un grand lecteur de romans. Il m'a fait entre autres découvrir *La Conscience de Zeno*. Zeno, ce héros malheureux de lucidité en qui peut-être il reconnaissait une part de lui-même. Il fut aussi un des seuls à saluer dans *Les T.M.* *Les Chaises*, une pièce de Ionesco qui s'était jouée devant des fauteuils à peu près vides !

C'est au cours de ces premières années de la revue, des années inoubliables pour tous ceux qui les ont vécues, que, peu enclin à préparer l'agrégation et prêt à suivre l'exemple de Pouillon, je projette de me présenter à mon tour à ce concours de l'Assemblée nationale qui m'assurerait, pensais-je, pas mal de loisirs dont celui d'écrire. Et voici que mon grand ami Michel Cournot et moi nous rendons à Saint-Mandé, où Jean Pouillon habitait alors, pour nous préparer audit concours, Pouillon nous ayant gentiment proposé ses services. En fait d'entraînement pédagogique, ce fut une partie de fou rire. Pouillon prenant l'accent rocailleux et la voix de Jacques Duclos — l'un petit rondouillard, l'autre tout en longueur —, ça ne s'oublie pas. Échec, bien entendu, pour les deux candidats, à vrai dire peu convaincus que leur avenir était là, dans l'intelligente transcription des débats parlementaires où l'éloquence était rarement au rendez-vous. D'ailleurs, notre avenir, ni Cournot ni moi n'avions la moindre idée de ce qu'il pourrait bien être.

Les années passent. Nommé professeur à l'étranger, puis en province, cette fois avec les diplômes requis en poche, mon absence de Paris m'éloigne de Pouillon comme des *Temps modernes.* Après cet intervalle nous nous retrouvons. Un été nous sommes voisins dans le midi de la France. C'est là, au port d'Antibes, que Pouillon, sans doute pour épater une jeune femme à laquelle nous portions quelque intérêt l'un et l'autre, nage vigoureusement loin de la jetée, lui qui n'était vraiment pas un athlète. Je me crois tenu d'en faire autant : complices plutôt que rivaux. C'est cette même complicité qui, plus tard, se manifesta au cours des réunions rue Saint-Benoît, chez Marguerite Duras et Dionys Mascolo, du Comité des intellectuels contre la guerre d'Algérie (ce comité fut le premier, je crois, à appeler les choses par leur nom, à parler de guerre et non d'« opération de police » ou de « malheureuse affaire algérienne »). Oui, c'est là qu'Edgar Morin nous baptise Dupont et Dupond — « je dirais même plus » —, et je reconnais qu'il visait juste. Ce fut aussi le temps du Moulin d'Andé où il nous arriva plus d'une fois de séjourner, accueillis par la généreuse Suzanne Lipinska et le délicieux Maurice Pons, prétendument pour y travailler avec calme, et c'étaient conversations joyeuses, parties de tennis, jeux de toute sorte.

Si Pouillon me fit connaître le Moulin, c'est moi qui l'entraînai au séminaire que Lacan tenait alors à Sainte-Anne. Tandis que l'auditoire peinait parfois à suivre le fil du discours erratique du Maître, Pouillon établissait non un impossible résumé mais, tout comme il le faisait en tant que secrétaire des débats à l'Assemblée, avec la même clarté d'esprit et la même précision de style, un compte rendu analytique des séances du séminaire : d'un compte rendu analytique à l'autre — cette fois au double sens du mot.

Pourquoi évoquer ces jours passés ? Par nostalgie de notre jeunesse ? Je ne le crois pas, encore que... Plutôt pour effacer les toutes dernières années où mon ami n'avait plus « toute sa tête », et la tête pour lui — intelligence et entêtement, mots justes et idées claires — c'était bien ce qui comptait le plus.

Alors je continue à remonter le temps en mêlant l'important à l'accessoire : les soirées consacrées à la correction des épreuves des *T.M.* avant de les livrer le lendemain à l'imprimeur, l'excellent M. Chantenay ; le *Manifeste des 121* pour lequel Pouillon s'employa à recueillir bien des signatures et en obtint même des récalcitrants, de là de sérieux ennuis (police, Assemblée nationale) qui lui donnèrent, je n'en doute pas, un vif plaisir ; le rituel du whisky partagé en fin de journée et le rituel non partagé de la lecture, intégrale en ce qui le concernait, du *Monde* ; les parties de ping-pong acharnées, lui smashant du revers, moi du coup droit (Dupont et Dupond...) ; les mots croisés du camarade Scipion dont il trouvait la solution en une demi-heure alors que je n'y parvenais pas en une semaine ; les dîners bien arrosés avec Bost qui, le repas achevé depuis un bon moment, commandait à la patronne une ultime bouteille que nous appelions « la bostienne ».

Bost, ce fut assurément le grand ami de Pouillon. La seule fois où je l'ai surpris en train de pleurer, ce fut le jour où il apprit la mort du « petit Bost ». Ils s'étaient connus avant la guerre au lycée du Havre : Bost, élève de Sartre, Pouillon, élève d'Aron. À propos d'Aron, une anecdote qu'aimait raconter Jean : le professeur s'aperçoit que l'élève ne prend aucune note pendant le cours. Il lui en demande le motif : « Je ne vois pas pourquoi je noterais des conneries. » Trente ans plus tard, Aron n'avait pas oublié l'épisode. Croisant Pouillon au Flore, il lui dit : « Vous aviez raison. Ce jour-là, je n'avais pas bien préparé mon cours. » Tel était Pouillon, tel était Aron.

« C'est un con. » Pour Sartre, pour Bost et les sartriens, c'était un verdict sans appel. Il m'arrivait de protester : « On ne peut pas dire ça de lui, c'est un homme intelligent. » Réponse : « Il est peut-être intelligent, mais c'est un con. » Si l'on y réfléchit, cette distinction ne manque pas de sens.

Quand, après avoir quitté *Les Temps modernes*, j'entrepris de fonder la *Nouvelle Revue de psychanalyse* et, quelques années plus tard, *Le Temps de la réflexion*, je fis dans les deux cas tout naturellement appel à Pouillon. Je tenais à ce que dans l'équipe rédactionnelle de la *N.R.P.* soient présents des non-analystes. L'ethnologue qu'était devenu Pouillon sut à merveille occuper cette place, participant à nos débats avec une légère distance à l'endroit des membres de la « tribu ». Après tout, les psychanalystes, sans qu'ils s'en aperçoivent toujours, constituent une tribu avec sa langue propre, ses codes, ses mythes. Masud Khan, analyste londonien venu du Pakistan qui faisait partie de notre petit groupe comme « corédacteur étranger », nommait toujours Pouillon

« my dear anthropologue », comme s'il l'avait instantanément reconnu comme un proche. Pour ce personnage hors du commun, insolent, aux foucades imprévisibles, Pouillon avait beaucoup d'affection. Dans un texte particulièrement savoureux, il a su décrire ce plaisir de ne pas comprendre qui va de pair avec celui de n'être pas compris.

Il ne fit pas qu'être présent à sa manière dans le comité de la *N.R.P.* Il y donna de nombreux articles qui fournirent, avec ceux du *Temps de la réflexion*, l'essentiel de ses deux recueils, *Fétiches sans fétichisme* et *Le Cru et le su*. Ces articles, il me fallait le plus souvent les lui arracher. Combien de fois ai-je dû lui dire : « Allez, mets-toi à ton écritoire, ne tarde plus. » C'est tout juste si je n'ajoutais pas : « Ton article, tu l'as déjà tout en tête. Il ne te reste plus qu'à l'écrire. » La plupart du temps, ça marchait. Peu à peu, mes injonctions perdirent de leur efficacité.

Là se tient ce qui reste pour moi une énigme. Pourquoi, alors que je le voyais prendre des notes sur ses petits carnets — habitude qu'il avait acquise lors de ses enquêtes sur le terrain, au Tchad puis en Éthiopie —, cette inhibition, ou plutôt ce renoncement à aller plus loin que la prise de notes, que la brève saisie des idées qui viennent, du relevé des observations ? Renoncement ou indifférence, cette même indifférence dont il avait fait preuve en mai 1940 quand, aspirant dans un régiment de cavalerie (j'ai toujours eu du mal à me le représenter sur un cheval, l'animal le plus stupide qui soit, disait-il), il lisait tranquillement Faulkner ou Proust sans se soucier de la mitraille, à la stupéfaction de ses camarades.

Il y avait chez Pouillon comme une propension au négativisme. Celui-ci pouvait prendre différentes formes. Il s'appelait révolte, indignation — qui donc a dit, formule que Pouillon se plaisait à citer (ou était-ce Bost ?) : « Savez-vous que l'on peut mourir d'indignation ? » Mais ce n'est pas seulement envers ce qui est insupportable dans le monde extérieur ou chez autrui que s'exerce le pouvoir du « non ». Il peut se retourner aussi contre soi-même, particulièrement contre ce qui en chacun de nous témoignerait de complaisance à soi. Proscrire l'affectif, tout ce qui risque de virer au pathos, à l'emphase, au lyrisme. L'écriture pour Pouillon se devait d'être sèche... jusqu'à s'assécher.

Comme j'ai pu regretter, comme je regrette encore qu'il n'ait pas voulu donner plus d'ampleur à une intelligence, à une culture aussi exceptionnelles ! Peut-être l'ombre de Sartre y est-elle pour quelque chose. Personne ne peut, en tout cas pas ceux qui l'ont connu de près, se mesurer à Sartre.

Personne non plus, dans un autre domaine, ne peut se mesurer à Claude Lévi-Strauss. Pouillon, qui le savait mais n'en souffrit pas, s'est employé avec une grande ingéniosité à tisser des liens entre les deux. Il y est parvenu mais sans doute aux dépens de ce qui aurait pu devenir son œuvre à lui. Était-il trop modeste ou trop fier ? Trop lucide ou trop désenchanté — ce sont là au fond deux synonymes. Je reste incapable d'en décider.

Le temps passant, ou plutôt le vieillissement progressant, Pouillon devint de plus en plus sédentaire. Pas question de quitter Paris, de partir à la campagne. Trop de vert ! Trop de vert ! Haïssable chlorophylle ! Se nourrir le moins possible : un repas léger le soir suffit largement, un jus d'orange le matin. S'employer seulement à consacrer des heures et des heures à mettre au point les articles destinés à la revue d'anthropologie *L'Homme* dont il assura pendant des années le secrétariat général. Il me semblait qu'à s'effacer ainsi devant les autres il s'effaçait lui-même.

Parfois, le voyant raide, figé, immobile, le visage fermé, presque hostile, à la fois absent et absolument présent, je me disais qu'il aurait rêvé d'être un minéral. Il ne me convainquait pas quand il me répétait qu'il n'y avait rien de plus absurde que de s'indigner face à la mort qui nous attend, il y en a même pour trouver que la mort est un scandale. Je me retenais de lui dire : « Rappelle-toi quand Bost est mort, tu as fondu en larmes. »

Il avait beau rêver d'être une pierre qui ne ressentirait rien (au fait les pierres sont immortelles), il n'était pas un minéral. Alors moi aussi j'ai pleuré quand j'ai appris sa mort à l'hôpital où il n'avait plus « toute sa tête ».

Dissolution

Pourquoi certaines de nos amitiés qui n'avaient pourtant rien de superficiel et qu'on avait les meilleures raisons de croire durables se sont-elles dissoutes ? Pas de fâcheries, pas de conflit, pas d'événement marquant qui puisse expliquer leur dissolution. Non, un détachement progressif, une lente séparation, un effacement qui ne résulte d'aucune décision. Simplement, des semaines ont passé, des mois, une année, sans que de part et d'autre on ait songé à se faire signe, à prendre des nouvelles. Quelque chose s'est dissous d'une manière à peine perceptible, sans éclat, en douceur. En douceur comme nous aimerions disparaître.

J'avais rencontré Stéphane à la terrasse d'un café de la petite ville d'Arezzo. Nous avions commandé au même instant un double expresso, chacun de nous dans un italien si approximatif qu'il nous avait fait sourire. La conversation s'engagea. Il était venu comme moi à Arezzo pour voir les fresques de Piero della Francesca dont nous ne connaissions que des reproductions.

Stéphane était sensiblement plus jeune que moi. C'était un bel homme — aucun doute, il le savait. Il y avait chez lui cette assurance qu'ont certains hommes convaincus que leur beauté, leur élégance naturelle ne laissent pas les femmes indifférentes, et, à côté de cette assurance affichée, une certaine distance témoignant d'un refus de séduire et même de plaire, comme s'il voulait être reconnu pour autre chose, de moins visible, de plus intime que son indéniable prestance.

Je précisai à Stéphane le motif de ma présence à Arezzo : j'avais l'intention d'écrire un livre qui s'inspirerait d'un fragment de la fresque de Piero *Le Songe de Constantin*, et je tenais à le voir en vrai, pas seulement sur une carte postale pour, en quelque sorte, l'absorber, le faire mien. « Dès demain, j'irai à Florence où m'attendent de vieux amis. Et vous ? » demandai-je à Stéphane qui était sur le point, je le pressentais, de devenir un nouvel ami. Je le sentis un peu réticent face à ma curiosité, puis il me confia que ce n'était pas la première fois qu'il se rendait dans cette région d'Italie ou dans une autre, juste pour voir les œuvres d'un peintre qui l'intéressait, des œuvres souvent dispersées ici ou là. L'an passé, il était parti sur les traces du Caravage. L'an prochain, il ne savait pas encore. Peut-être sur celles d'un peintre moins connu. « Ou inconnu, cela me plairait bien. Vous voyez, je les suis à la trace, ces hommes-là. Nous ne savons pas grand-chose de leur vie, les documents manquent, mais nous connaissons les œuvres qu'ils nous ont léguées et c'est cela qui importe, n'est-ce pas ? » Il ajouta, comme s'il m'en avait déjà trop dit : « Vous savez, je ne suis qu'un amateur. Je me contente de noter sur le vif mes impressions sur un petit carnet qui ne me quitte jamais, c'est un fidèle compagnon. » Et il sortit le carnet de la poche de sa veste pour l'y enfouir aussitôt.

Voilà quelqu'un, me disais-je, qui ne cherche pas à être lu à tout prix, qui sait garder secrètes ses émotions d'amateur en les consignant, à l'abri de tout intrus, dans son carnet de moleskine. Je décelai quelque ironie dans son « Ah bon, vous écrivez des livres, publiés certainement, autrement dit rendus publics ». Mi-vexé, mi-honteux, je répondis par l'affirmative.

Son attirance pour les « traces », sa poursuite, sa quête des traces m'intriguait. Était-ce seulement celles qu'avaient laissées ces peintres italiens qu'il recherchait ou, au-delà de celles-ci, celles de quelqu'un d'autre ? J'échafaudais un roman, j'imaginais quelque secret, tant l'homme se montrait sur la réserve, ne s'ouvrant que jusqu'à un certain point : un secret de naissance, peut-être, à moins que lui, Stéphane, ne s'employât à ne laisser aucune empreinte de son passage sur cette terre.

Je poursuivais mon enquête avec précaution (ah ! le démon de la curiosité !) : « Vous êtes venu ici seul ? — Oui, ma femme est allée voir ses vieux parents dans leur maison de retraite à Menton. — Coïncidence, la mienne aussi, mais c'est en Bretagne. Vous avez des enfants ? »

Cette fois, un « non » très sec fut sa réponse. Bizarrement je m'abstins de lui dire que, pour ma part, j'en avais trois.

Là-dessus, Stéphane alla rejoindre son hôtel, moi le mien après un bref salut. À cette heure tardive, la chapelle de San Francesco où sont exposées les fresques de Piero della Francesca était fermée. Nous nous y retrouvâmes tôt le lendemain matin. Par chance, nous en étions les seuls visiteurs.

Stéphane savait déceler dans les peintures des détails qui me restaient inaperçus, tant j'étais attentif à la succession des épisodes représentés et à l'architecture de chaque scène. Les figures féminines surtout attiraient son regard : la reine de Saba, ses suivantes, leurs robes, leur aspect hiératique qui les rend inaccessibles. De sa part, pas de commentaire savant d'historien ou de critique d'art, juste un regard aiguisé, presque avide, une sensibilité d'amateur — d'amateur de femmes aussi, j'en étais convaincu, inlassablement attiré par ce qu'elles cachent. Leur secret ? C'était devenu chez moi une idée fixe ! Tandis qu'il prenait quelques notes sur son carnet, je m'approchai une fois encore de celui que j'appelais « le dormeur éveillé », ce garçon, auquel j'étais prêt à m'identifier, qui veille, quelque peu rêveur, sur le précieux sommeil de son maître, l'empereur Constantin.

Après notre visite, nous retournâmes au café où nous avions fait connaissance la veille. Et là, abruptement, à ma grande surprise, Stéphane me proposa de l'accompagner dans son périple sur les traces de... était-ce vraiment celles de Piero ? Il avait loué une voiture, « pourquoi ne pas en profiter ? ».

Et nous voilà partis, célibataires occasionnels, comme deux jeunes gens qui auraient pour la première fois rendez-vous avec la lumière de la Toscane, cette lumière qui abolit toute différence entre l'Art et la Nature. La rencontre avec la beauté se fait là où on ne l'attend pas, au coin d'une rue (une petite statue comme oubliée là), sur la hauteur d'une colline (voyez ces trois cyprès), sur une place de village cernée d'arcades, et pas seulement dans ces lieux consacrés que sont les musées et les églises — avouons-le, on s'y ennuie parfois, trop de chefs-d'œuvre qu'il convient d'admirer obligatoirement.

Nous allâmes à Perugia, à Gubbio, à Urbino, là où nous étions assurés de voir des œuvres de Piero. Passâmes aussi à Borgo San Sepolcro, sa ville natale ; un véritable pèlerinage, comme si nous devions cela à notre peintre ! Dans le petit village de Monterchi, Stéphane s'attarda une heure sans prononcer un mot face à la Vierge enceinte revêtue d'une robe d'un bleu céleste et fendue en son milieu. Le laissant à sa contemplation, j'allai m'asseoir sur un petit muret avoisinant. J'y savourai une pêche que je venais d'acheter au marché, elle fondit lentement dans ma bouche. Ce fut un moment délicieux auquel Stéphane, toujours clos dans son mutisme, mit fin.

Il me guidait. Je le suivais. Je m'en remettais à lui pour choisir l'itinéraire, l'hôtel, la trattoria. Quand je donnais des signes de fatigue — à Gubbio, l'ascension était particulièrement rude —, il m'encourageait en riant : « Allez, camarade, encore un effort, nous y sommes presque », et je retrouvais mon souffle. Parfois, il s'absentait : « Une course à faire. » Je l'attendais tranquillement, fumant une cigarette, quand je le vis sortir de l'hôtel de ville. « Qu'alliez-vous faire là ? — Rien, chercher un renseignement sans importance. » Il n'en dit pas plus. Son silence, sa gêne me confortaient dans l'idée que son voyage, sa quête, répondait à d'autres motifs que celui de contempler des peintures.

Après notre dernière étape, je partis, comme prévu, pour Florence. Stéphane me dit qu'il envisageait de descendre vers le sud, de s'arrêter à Rome peut-être pour quelques jours. Il aimait laisser planer l'incertitude. Nous nous dîmes au revoir.

Effectivement, de retour à Paris, nous nous revîmes à intervalles réguliers, seuls, et le plus souvent dans des cafés, comme si nous voulions renouveler la rencontre d'Arezzo.

Stéphane, je l'ai dit, n'était pas un homme porté aux confidences. N'empêche que peu à peu il me laissa entrevoir des fragments de son histoire, une histoire dont le sens — à supposer que l'histoire d'une vie en ait un — m'échappait, tant ses activités avaient été diverses au fil des années. Tout jeune, vingt ans à peine, il s'était lancé dans les « affaires » — un terme dont le vague m'a toujours paru assez suspect. Il avait gagné beaucoup d'argent, venu s'ajouter à un héritage. Il ne s'attarda pas sur cette période, préférant me raconter avec une certaine fierté l'épisode suivant. Il s'était acheté un voilier (n'y connaissant rien, j'ai oublié la description minutieuse qu'il m'en fit), il avait longtemps navigué, en solitaire le plus souvent. « Imagine-toi — nous en étions venus à nous tutoyer — que j'ai même remporté quelques courses, et pas des moindres. » Puis, nouvel épisode, il avait décidé — toutes ses décisions étaient prises soudainement, il les voulait et les croyait définitives — de se consacrer à la sculpture. Je pensais par-devers moi qu'il cherchait par la sculpture à donner une forme stable, solide, à sa vie. Je lui dis : « J'aimerais les voir, tes sculptures. — Trop tard, j'ai tout bazardé, les sculptures et l'atelier. J'ai travaillé, crois-le bien, avec acharnement. Mais je n'étais pas satisfait. » Après quoi, se refusant, ce que lui aurait permis sa fortune, à vivre en oisif, il entreprit avec des amis de fonder une revue d'art dans laquelle il n'était pas question qu'il écrivît la moindre ligne. La revue cessa de paraître après trois numéros.

Je ne voulais pas voir là le signe d'une irrémédiable instabilité, ni dans ses entreprises inabouties une succession d'échecs. Je percevais chez Stéphane une vraie passion, une passion malheureuse qui n'avait pas trouvé et ne trouverait sans doute jamais son objet, à moins que je ne devienne à mon tour son guide, son soutien. « Encore un effort, camarade, tu y arriveras ! » Je voulais me persuader qu'il y avait en lui une exigence à laquelle il ne se croyait pas capable de répondre, comme s'il ne pouvait pas être à la hauteur de ce qui était attendu de lui. Par qui ? par la reine de Saba ? par la Vierge portant en son sein l'enfant divin ? Ces divagations étaient les miennes...

Stéphane : comme le mélange en lui d'orgueil et de la conscience peut-être excessive de ses limites me le rendait attachant ! Il me rappelait mes années d'adolescence et de jeunesse, années quelque peu flottantes, mais sans boussole, sans compas pour fixer un cap à mon petit voilier intérieur qui allait dans une direction, puis une autre, incertain de son avenir et même de son présent.

Adolescent perpétuel, ce Stéphane, maintenant proche de la cinquantaine ? Si différent de ce que moi j'étais devenu, bien cadré — trop, me disais-je — dans mon travail, mes diverses activités dont je me persuadais qu'elles avaient leur cohérence, qu'elles formaient un tout, qu'elles tenaient bien ensemble. Oui, je tenais à elles comme elles me tenaient.

Parfois, le concernant, me venait une idée à laquelle je répugnais à accorder crédit, tout en la trouvant crédible. Si son malheur, car je le sentais malheureux, même s'il ne se plaignait jamais de son sort, même si son charme toujours efficace lui garantissait le minimum nécessaire de certi-

Le secours

À tout âge, il arrive que des liens d'amitié se tissent. Il suffit parfois d'une rencontre inattendue pour que naisse une amitié nouvelle. Mais c'est seulement à certaines périodes de la vie — en premier lieu à l'adolescence — qu'on ressent un *besoin* impérieux d'amitié.

Tous ceux qui se sont intéressés à l'adolescence l'ont souligné : elle est le temps de l'incertitude, de l'ignorance de ce que l'on va devenir — tout est possible, rien n'est certain —, et d'abord de ce que l'on est : identité vacillante, inquiétude qui peut aller de pair avec le sentiment exaltant de ne pas être identifiable, à la différence de ces adultes qui ont une forme fixe, définitive.

Si j'ignore ce que je suis, j'ai du moins l'idée de ce que je ne veux pas être. Pas question d'occuper la place que mon milieu, ma famille avaient assignée à l'enfant que je ne suis plus. L'enfance, qu'elle ait été heureuse ou malheureuse, qu'on ait été un enfant roi ou mal aimé, vous confère un statut, elle vous définit. Sans doute ai-je, adolescent, cherché dans mon meilleur ami (le meilleur ami peut être un groupe, une bande dont je fais partie) celui qui me permettrait de me définir à nouveau, tant mon identité était fluctuante, comme si j'allais trouver dans les traits d'un autre le moyen de dessiner d'une main moins tremblante mes propres traits tout en les laissant inachevés. L'adolescence est à la fois le temps inquiet et merveilleux de l'inachèvement.

Bien des années ont passé depuis ce temps où je pouvais, par exemple, m'identifier à un personnage de roman. Mes héros variaient selon les saisons, ils pouvaient s'appeler Julien Sorel ou le prince Muichkine, Jean Valjean ou Roquentin, Barnabooth ou le Petit Chose, Pierre ou Paul. Tous ces « autres » rencontrés, aimés, admirés au fil de mes lectures et de ma vie, je les ai adoptés jusqu'à les faire miens. J'étais des centaines d'autres ! Grâce à eux, si dissemblables, je me construisais peu à peu une identité à la fois plus riche et plus stable. Dépassé, le temps du vacillement, du flottement, de l'inachèvement. Du coup le sol se faisait plus ferme sous mes pas.

À l'âge adulte — s'il existe — dont je parle, mes rencontres amicales me procuraient du plaisir, elles renforçaient mon goût de la vie quand celui-ci diminuait, voire cédait sa place à la morosité, mais enfin je trouvais dans l'amitié quelque chose comme un bénéfice de surcroît, ce n'était pas l'essentiel.

Aujourd'hui, comme lors de mon adolescence, le besoin d'amitié se fait plus fort, il n'est pas loin d'être vital. Pourquoi ? Parce que la saison brûlante et orageuse des passions amoureuses — je ne dis pas de l'amour — est derrière moi ? Parce que la perspective de la mort se fait de jour en jour moins lointaine ? L'amitié, surtout celle qui me lie à des plus jeunes que moi, opère-t-elle une sorte de transfusion ? Il me semble que, privé de ces amitiés, je connaîtrais, sous une autre forme, un trouble analogue à celui de l'adolescence, je perdrais mes appuis, le sol et moi-même cesseraient d'être stables, je marcherais en titubant légèrement comme ces très vieilles personnes que je croise dans la rue, elles ont peur de tomber et de ne plus être capables de se relever, elles m'émeuvent et me font un peu pitié, mais je n'ai pas du tout envie de leur ressembler. La compagnie des amis m'est un viatique.

Et puis intervient autre chose. Le seul être qui vous tienne tout au long compagnie c'est soi-même. Ce « soi-même » a beau changer, ne pas être le *même*, j'ai beau ne pas me reconnaître dans des photographies anciennes ou aujourd'hui dans le miroir de ma salle de bains — c'est moi, ça ! —, n'empêche, c'est toujours *soi*. À la longue, cette compagnie permanente devient lassante ! Comment se fausser compagnie ? Se quitter sans pour autant se perdre tout à fait ?... Se déprendre de soi sans disparaître ? « On serait bien heureux si on pouvait s'abandonner soi-même comme on peut abandonner les autres. » Comme elle sait être impitoyablement lucide, la marquise Du Deffand !

« Un ami à la vie à la mort » ; celui qui, même à distance, reste à vos côtés, veille sur vous, apaise vos chagrins et même devine vos angoisses, comme la mère dont chacun a pu rêver ou comme l'ami dont parle La Fontaine et qui a donné son titre à ce livre :

Vous m'êtes en dormant un peu triste apparu
J'ai craint qu'il ne fût vrai, je suis vite accouru.

Je doute qu'un tel ami existe. Ou alors ce serait ce compagnon — pas imaginaire celui-là — qui, lorsque nous étions enfants, était là tout près de nous dans notre lit, sans lui nous n'aurions pas pu nous endormir.

Je pense à Roger. Les amis, les femmes ne lui

ont pas manqué, il a été soldat, résistant. Il a connu plus d'un métier, a vécu dans bien des villes. Tribulations diverses au cours d'une longue existence. Eh bien, cet homme, à qui on ne saurait reprocher quelque penchant à la sensiblerie ou à la nostalgie, a réussi à conserver, malgré d'innombrables déménagements, son ours en peluche. Il a, cet ours, perdu quelques poils de sa fourrure et, avec eux, de sa douceur, mais il est toujours là, fatigué lui aussi, mais toujours là.

À ceux qui n'ont pas eu la chance de rester fidèles à leur fidèle peluche, que reste-t-il pour leur tenir compagnie ? Il leur reste l'humour.

L'humour : une manière de rire de soi mais avec bienveillance et d'amener l'autre à rire de lui, sans tomber dans la dérision d'où la méchanceté, à l'égard de soi et d'autrui, n'est jamais absente. On a pu dire à juste titre que le paranoïaque était inaccessible à l'humour.

Quand l'humour circule entre l'analyste et son patient, c'est bon signe. La plainte, la revendication, l'autodépréciation s'estompent, l'humour calme la tempête. Pourquoi, après tout, ne deviendrais-je pas mon propre ami, un ami secourable à même de me détacher de l'image flatteuse ou désastreuse que j'ai de moi ? L'humour éloigne les miroirs de Narcisse.

L'ironie, elle, à l'opposé de l'humour, vire vite

au sarcasme, elle effectue un travail de sape. Trop longtemps j'ai su manier l'ironie avec un certain talent. Je m'en veux aujourd'hui. Je n'étais pas conscient alors de son pouvoir destructeur. Y recourir face à ceux qui sont imbus d'eux-mêmes, aux frimeurs, c'est de bonne guerre, mais face à ceux, plus nombreux, qui n'ont guère de confiance en eux, cela s'apparente à du sadisme.

N'allons pas consulter un analyste qui prétendrait être un maître, en se prévalant abusivement de l'exemple de Socrate, être un maître de l'ironie.

Ces lieux qu'on dit à tort inanimés

Mes amitiés ne se limitent pas à des individus. Avec presque tous les lieux où j'ai vécu ou séjourné j'ai « fait amitié ». Les premières images qui me viennent sont celles de plages. Il me semble qu'en les nommant, je vais de nouveau me trouver allongé sur le sable ou prêt à me laisser porter et envelopper par la mer.

La petite plage courbée de Gigaro, près de Cavalaire, découverte au hasard d'une promenade. La plage d'Agami, à quelques kilomètres d'Alexandrie : la mer, était-ce une illusion ?, n'était ni bleue ni grise mais d'un violet intense, je m'y plongeais, nu, ne faisant qu'un avec elle avant de courir vers la cabane, prêtée par des amis, pour y faire de nouveau un avec elle, mais *elle*, cette fois, c'était une jeune Alexandrine à la peau dorée qui m'y attendait. Les plages et les criques de Belle-Île, chaque année j'en trouvais une nouvelle. La plage du Mimbeau d'où je reviens à l'instant, celle du Marais salé à l'île d'Yeu. Celle sans fin qui s'étend le long de l'Atlantique, celle de Santa Teresa di Gallura, au nord de la Sardaigne, j'entends encore les cris des mères appelant leurs enfants — « Giorgio, Antonio, Felice ! » — dès qu'ils s'aventuraient dans l'eau. Celle de Saint-Louis du Sénégal, toute chargée de débris comme si la colonisation n'y avait déposé que cela. Celle de Brighton où j'avais froid, et celle de la Crète où le soleil me brûla tout le corps. Et celle, avant toutes les autres qui suivirent, que j'ai bien des fois évoquée, entre Cabourg et Le Home ; là, la mer était toujours grise, mais qu'importe ! elle demeure celle de mon enfance qui, même si elle fut imprégnée d'une vague tristesse, est devenue, avec le temps qui passe et la nostalgie, lumineuse.

Pourquoi cet amour des plages et pourquoi cet attrait pour les tableaux qu'on appelle marines ? Si, par bonheur, j'avais eu quelque don pour le dessin et la peinture, je crois bien que je n'aurais jamais représenté que des plages, que je n'aurais cherché qu'à réunir jusqu'à les confondre le sable, la mer et le ciel, comme pour conjurer toutes les séparations que je redoute et qui me laissent désolé.

La plage : la marée montante et descendante dont l'alternance fait aussi bien aimer le mouvement que croire à l'éternel retour, les plis que la mer y laisse en refluant, parfois des cavaliers la parcourent au grand galop, les chiens qui s'ébrouent en sortant de l'eau et vous aspergent, les poux de mer qui sautillent, et ces traces de pas sur le sable qui sont aussi ceux de la mémoire...

Voici qu'avec les plages me viennent des images de chambres, de maisons, de paysages.

La chambre dont l'image s'impose d'abord est celle que j'occupais en 1943 au dernier étage d'un hôtel situé à l'extrémité de l'île de la Cité juste au-dessus du Pont-Neuf. 1943 : une année des plus sombres et pourtant cette chambre étroite sans chauffage, sans eau courante, avec pour tout mobilier un lit, une table et une chaise, mais où pénétrait le soleil et d'où, la nuit, je voyais la lune éclairer la ville soumise au couvre-feu, oui, cette chambre où, rentré du lycée Henri-IV, je peinais sur mes dissertations et mes versions latines, restera à jamais celle où, dans la solitude qui était la mienne à l'époque, je fus non le plus heureux (j'étais bien loin de l'être), mais peut-être le plus proche de moi-même, dans cette alliance étrange qui n'a cessé de me tenir compagnie de mélancolie diffuse et d'appétit de vivre.

Et puis, sans me soucier une fois encore de la chronologie, je revois la minuscule maison du Haut-de-Cagnes et celle à peine moins petite du Coty d'où je découvrais, par la fenêtre à gauche de ma table, les prés, au-delà la mer et, plus loin encore, les rives du continent. Je revois aussi des chambres où je n'ai fait que passer, celle de la Pensione Seguso face à la Giudecca, celle de l'hôtel de Villequier sur le chemin de halage, celle, où était-ce ?, où une immense baignoire voisinait avec un lit aussi immense ; celle d'une maison d'amis dans la Drôme où aussitôt je me suis senti accueilli — « Tu seras au calme, tu pourras lire, écrire, dormir tard si ça te chante, te promener entre les champs de lavande, si ça te chante aussi, avant que nous nous retrouvions tous pour déjeuner autour de la table en bois sous l'orme du jardin. »

Les jardins : celui du Palais-Royal, les Buttes-Chaumont, ou certains, un peu secrets, que l'on trouve au Luxembourg. Je n'oublie pas celui que j'entrevois de mon petit bureau gallimardien où le matin je bavarde avec des auteurs devenus des amis et où, à peine suis-je arrivé, Roger me fait un rapport circonstancié des événements de la veille, en s'attardant un peu trop à mon goût sur la rubrique nécrologique où ni lui ni moi n'avons hâte de figurer.

L'évocation d'un lieu en appelle un autre. Dans notre mémoire vive ce ne sont pas des dates qui s'inscrivent, ce sont des lieux qui demeurent, traversant le temps, entremêlant les saisons. Comme ces hauts plateaux, ces lacs de montagne et ces paysages d'une beauté incroyable que je découvrais dans un bonheur absolu à l'époque où j'arpentais des G.R., sentiers dits de grande randonnée. Ou encore, l'Atlas marocain : même dans mes rêves les plus inventifs, quand aucun peintre n'est mon égal, je n'avais rien entrevu de tel.

Des lieux qui me seraient d'emblée hostiles, je crois bien n'en avoir pas connu. Indifférents, oui, comme cet appartement du boulevard du Montparnasse où j'ai pourtant habité près de dix ans et que je ne suis jamais parvenu à faire mien. Nous nous sommes tolérés réciproquement, sans plus.

Je m'oppose à ce qu'a énoncé un philosophe : « L'attachement pour les choses inanimées ne se nomme pas amitié puisqu'il n'y a pas d'attachement en retour. » Choses inanimées, pas de réciprocité... Comme il se trompe, cet Aristote, à croire qu'il n'a jamais mis les pieds hors de son Lycée. Inanimée, la pluie qu'on entend la nuit quand elle vient adoucir nos rêves, et la neige qui étouffe le bruit ? Inanimé, le vent ? Et l'eau, et le feu ? Inanimés, les arbres, les plantes, les fleurs et les animaux apeurés sortis du bois et des fourrés, et le chien de ferme qui aboie sur votre passage, un aboiement qui est sa manière de vous saluer ? La preuve : il ne tardera pas à vous suivre, il demande à devenir votre ami, sa méfiance n'a plus cours.

Quelle prétention que de croire que seuls les hommes sont animés, sont dotés d'une âme ! Même les pierres parlent à ceux qui consentent à les entendre.

L'amour n'est, hélas, pas toujours réciproque. Ou, quand il l'est, il arrive que ce ne soit pas dans le même temps : une sorte de décalage horaire qui ne serait pas seulement de quelques heures. Nous rêvons pourtant de cet état idéal où être aimé et être aimant coïncident dans le temps et dans l'intensité : totale réciprocité.

L'amitié, elle, est presque toujours un sentiment réciproque.

Elle naît, elle se développe, gagne en force (j'en parle comme d'un organisme vivant), et si elle en vient à décliner, à se dissoudre, c'est le plus souvent dans un accord tacite mutuel.

Peut-être mon amitié réciproque — j'y insiste — avec les plages, les lieux, les paysages, est-elle la plus durable, la plus à même de se renouveler. Je peux changer de plage, de chambre, élire une autre région, une autre ville. Les lieux sûrs ne me font pas défaut.

Dehors, dedans

En lieu sûr, c'est le titre français d'un roman américain, *Crossing to Safety*, dont je viens d'achever la lecture. Ce même jour je reçois un homme venu me consulter. D'emblée il me confie ce qui le trouble, l'inquiète : « Peut-être pourrez-vous m'aider. »

J'ai du mal à lui donner un âge. Son visage est changeant. Tantôt j'ai en face de moi un vieil homme buté, fermé, presque hostile, puis il sourit, son regard, son visage s'illuminent : une alternance soudaine de fermeture et d'ouverture, d'emprisonnement et de liberté.

« J'ai la chance, me dit-il, d'habiter dans un appartement très calme. Il donne d'un côté sur une cour où le stationnement des voitures n'est pas autorisé, de l'autre sur une enfilade de jardins : les arbres, les oiseaux, on ne peut pas rêver mieux. Mais voilà, dès que j'ai franchi la porte cochère, c'est l'horreur. Des bruits surgissent de partout, un vacarme dont vous n'avez pas idée. Embouteillages monstres, klaxons des impatients, vrombissements de motos qui ne demandent qu'à vous renverser, scooters qui n'hésitent pas à se faufiler sur les trottoirs. Tout cela aggravé depuis des mois par un immense chantier juste en face de mon immeuble. Marteaux piqueurs, bétonnières, toute sorte d'engins prêts à vous broyer. Sous prétexte de rénovation, ils cassent tout.

« Je me sens précipité dans un enfer, projeté dans un monde destructeur. La paranoïa me guette.

« Vous me direz que ce n'est pas bien grave, que chacun, vous aussi peut-être, éprouve cela quand il doit affronter le monde extérieur et puis, peu à peu, on s'habitue. D'accord. D'ailleurs, il ne me faut que quelques minutes pour m'adapter, pour m'acclimater, comme on s'acclimate au froid, à la chaleur. Le long des rues qui me mènent à mon bureau, je marche comme un passant ordinaire, indifférent à ce qui m'entoure, insensible au bruit, heureux même de vivre dans une ville où je peux croiser tant de jolies filles. Alors je me réconcilie avec l'extérieur, mais cette réconciliation vient toujours après m'être brouillé avec lui. La paix, après la guerre, mais la paix est précaire. Ce que je dois aussi vous avouer, c'est qu'au réveil, alors que je n'ai pas encore quitté mon appartement si calme, je suis, comment dire ?, déjà dehors. Je prends mon petit déjeuner, sans pouvoir dire un mot à ma compagne. Je suis muré, cadenassé. Je n'en suis pas fier, croyez-le, mais c'est ainsi. On dirait qu'à peine levé je ressens l'hostilité du monde, à moins que ce ne soit moi qui sois hostile à tout ce qui m'est extérieur. Mon premier mouvement serait-il de haïr ? Non, haïr est un mot trop fort. Disons : rejeter. Oui, je rejette, je ne suis que refus. Refus des autres et aussi refus de moi car, je vous l'assure, ma compagnie m'est également détestable dans ce temps matinal dont je vous parle. »

Je lui demande de quoi il se sent aussi menacé d'être exclu, de quel « dedans » l'arrache le « dehors ». De ses rêves, de ce qu'il a vécu, éprouvé dans son sommeil ? Vite il me détrompe : « Non, mes rêves sont rarement agréables et le plus souvent je les oublie ; ils sont plutôt angoissants, proches du cauchemar, et ceux-là je m'en souviens. Ou bien je sombre dans un profond sommeil d'où j'ai peine à sortir... C'est contradictoire : à la fois je voudrais en sortir et je m'y refuse. Alors, bien que le réveil ait sonné, je reste étendu sur mon lit, tel un gisant. »

J'ai en tête ce qu'il vient de me dire du chantier destructeur, de la casse, des engins broyeurs, des motos qui renversent les passants. Que rencontrerait-il dans ses nuits, dans son mutisme matinal et quand il se heurte, en sortant de chez lui, à la violence de la rue ? La menace de sa propre destruction, de son anéantissement ?

L'homme poursuit : « J'ai l'impression que c'est un autre que moi qui rêve, un autre que moi qui me tourmente, un autre que moi qui s'enfouit dans le sommeil comme dans une tombe. Ne dit-on pas aussi "muet comme une tombe" ? Mais, voyez-vous, avec vous, je parle. » Il se tait un instant avant d'ajouter : « Je vous parle. »

Je lui ai proposé un nouveau rendez-vous.

L'écoutant, je me dis que la séparation du dehors et du dedans qui nous paraît aller de soi est une illusion destinée à nous rassurer. Notre « dedans » est un « dehors ». Nos rêves, nos amours — celles du moins qui nous portent, nous déportent hors de nous-mêmes, et ce sont les seules à mériter le nom d'amours — nous entraînent loin de notre appartement, autrement dit de notre « moi », ce « moi » dont nous ne serons jamais les maîtres.

L'homme au visage changeant serait-il venu chercher dans mon cabinet un abri protecteur, un « lieu sûr » ? Je pense plutôt à un sas, cette petite pièce étanche qui permet le passage entre deux lieux différents, qui fait communiquer le dehors et le dedans au point que leur différence s'efface.

Dans l'amitié, ne serait-ce pas cela aussi que nous cherchons et qu'il nous arrive de trouver ? Un moyen de nous soustraire à la violence anonyme du monde dit extérieur et aux tourments du monde dit interne.

Crossing to Safety : une longue traversée, celle de toute une vie. Elle connaît des périodes de calme, passe par des hauts et des bas, elle n'atteindra jamais — et c'est mieux ainsi — le lieu définitivement sûr auquel elle aspire. C'est ce que montre au bout du compte le grand roman de Wallace Stegner qui retrace l'histoire d'une belle, profonde et fragile amitié entre deux couples (entre deux couples, c'est rare...), une amitié qui, bon an, mal an, tient le coup même quand la rivalité la menace et que l'infirmité, la maladie et la mort s'invitent sans préavis pour la détruire.

Philia

Mesurons-nous à quel point notre conception de l'amitié est restreinte ? Nous la limitons à une relation privilégiée entre des individus. La *Philia*, chez les Grecs, c'était bien autre chose. Dans son acception la plus large, elle désignait une force d'attraction cosmique, capable d'unir les éléments entre eux ; elle était opposée à la haine, force de désunion, de dissociation (Freud se souviendra d'Empédocle avec l'antagonisme des pulsions de vie et des pulsions de mort, de ce qui lie et de ce qui délie).

Même dans le sens le plus courant de *philia* on retrouve ce qui la fonde, comme étant sa source, ce principe d'union. Nous ne sommes plus comme chez Empédocle dans le cosmos mais dans des formations sociales plus limitées : le cercle étroit de la famille, celui, plus large, de la cité. Sous-jacent à la *philia* le sentiment d'appartenance qui s'accompagne presque nécessairement de la conviction de former un groupe à part, fermé sur lui-même, en tout cas différent : « Nous autres, catholiques, protestants, juifs, musulmans... nous autres femmes... nous autres psychanalystes... » Innombrables, les « nous autres ».

C'est cette face négative de la *philia* qui s'affirme dans ce qui est aujourd'hui redouté avec « la montée des communautarismes » qui entraîne l'affrontement entre les communautés. Paradoxe : la *philia* ne s'oppose plus à la haine, elle la provoque, l'attise, l'entretient. Si je me définis par mon appartenance, si je tiens pour mes semblables seulement « les miens » et que je ne me reconnais qu'en eux, alors, inévitablement, au lieu de voir dans le *xenos*, l'étranger, un hôte que j'accueille, je le rejette : c'est un ennemi, un intrus, un indésirable. La *philia* grecque, écrit Blanchot, est « échange du Même avec le Même, mais jamais ouverture à l'*Autre*, découverte d'autrui ».

Elle était belle pourtant l'idée de communauté. Elle était belle l'utopie de Fourier et des phalanstères. Ils furent exaltants, ce groupe autour de l'*Athenaeum* d'Iéna, ce cénacle de la rue de Rome autour de Mallarmé, ce petit cercle des commencements de la *N.R.F.* ou des *Temps modernes*, tant d'autres. C'est qu'il s'agissait là plutôt d'affinités électives que du désir d'exiger une nouvelle Église. Exaltante aussi dans un premier temps l'aventure du groupe surréaliste, avant que n'interviennent les excommunications. Est-elle inévitable, cette dérive ?

Elle fait peur, la prolifération des sectes.

Allez savoir pourquoi. Voici que je retrouve les quelques lignes que Vernant, dans un de ses livres, consacre à Antigone : « Elle n'a pas su entendre l'appel à se détacher des siens et de la *philia* familiale pour s'ouvrir à l'autre, accueillir Éros et dans l'amour avec un étranger transmettre à son tour la vie. »

Encore un paradoxe : il arrive que la *philia*, que nous aimerions tant assimiler à une expansion hors de soi, à un mouvement généreux qui nous entraîne vers autrui, ce différent, signe un pacte avec la mort. Antigone a fait le choix du tombeau.

Le proche et le lointain

L'ami : *alter ego*, autre moi-même, mon semblable, mon presque pareil. Voilà un lieu commun qui se transmet de siècle en siècle depuis Aristote, en passant par quelques autres auteurs respectables.

Une « parité de nature », Cicéron *dixit*, serait au fondement de l'amitié. Non, tout au contraire, c'est la disparité qui attire. L'ami est celui qui me fait sortir de moi-même, de ma famille, de mon milieu, qui me détourne de ce qui m'est devenu trop familier et m'apparaît alors comme un espace étroit, confiné, où je respire toujours le même air raréfié. L'ami me dépayse.

L'amour porte hors de soi, l'amitié aussi, mais à un moindre degré. Elle ne me transporte pas dans un autre monde, dans un continent inconnu, elle m'entraîne dans une contrée nouvelle où j'ai du bonheur à séjourner sans que je coure le risque, comme dans l'amour, ses égarements et ses emportements, de m'y perdre. La femme aimée me quitte, je suis amputé. Un ami me quitte, je suis réduit à n'être que moi.

Quand on cite jusqu'à plus soif la formule de Montaigne, on oublie que, loin d'indiquer une parité entre « lui » et « moi », elle en souligne l'écart : c'était lui, c'était moi. La différence — d'âge entre autres — était au principe de l'amitié de Montaigne et de La Boétie.

Dans la littérature, les exemples de cette disparité et de cette attraction réciproque abondent. Le premier qui me vient à l'esprit est celui de l'admirable récit de Fred Uhlman *L'Ami retrouvé* et de ses premières lignes : « Il entra dans ma vie en février 1932 pour n'en jamais sortir [...]. Je puis me rappeler le jour et l'heure où, pour la première fois, mon regard se posa sur ce garçon qui allait devenir la source de mon plus grand bonheur et de mon plus grand désespoir. » Oui, l'amitié, elle aussi, connaît ses coups de foudre.

À première vue, les deux garçons ne sont pas vraiment destinés à devenir des amis ; tout sépare cet héritier d'une illustre famille de la noblesse prussienne — la mère admire Hitler et ne cache pas son antisémitisme — et ce fils d'un médecin juif. Et pourtant ils vont devenir inséparables. *L'Ami retrouvé* m'évoque le *Silbermann* de Lacretelle. Et de proche en proche d'autres récits dont la lecture m'accompagne à travers les années.

Je pense à *La Mort d'Ivan Ilitch*, à cette relation si forte, si intense — faut-il l'appeler amitié ? —, qui unit Guérassime, jeune paysan en pleine santé, à son maître, l'homme qui sait qu'il va mourir et qui ne comprend pas pourquoi, lui, Ivan Ilitch, doit inéluctablement tomber dans le « sac noir ». Ils sont deux à lui tenir compagnie dans les quelques semaines qui lui restent à vivre : Guérassime qui ne répugne pas aux besognes les plus dégoûtantes, qui soutient les pieds de son maître à l'aide d'un coussin, qui lui parle avec simplicité et douceur — et tout cela soulage Ivan Ilitch pour un temps. L'autre est une compagne qui ne le quitte guère. Elle s'appelle la douleur. Elle est là toujours présente, toujours plus envahissante jusqu'à ne faire plus qu'un avec lui. Il est *elle*, il est la douleur.

Qu'ont-ils en commun, Guérassime qui est la bonté, la jeunesse, la vie même, et la douleur qui installe la mort dans le corps et dans l'âme d'Ivan Ilitch ? Ce sont deux facettes de la vérité. L'entourage, les médecins consultés entretiennent, eux, le mensonge. La vie d'Ivan Ilitch lui apparaît rétrospectivement — elle fut réussie pourtant, sa carrière fut brillante, on respectait, on craignait le juge qu'il était — comme un mensonge. Quand il dit : « Envoyez-moi Guérassime », il demande qu'auprès de lui soit quelqu'un de vrai, d'aussi vrai que la douleur qui ne ment pas.

Je pense à un autre récit de Tolstoï où le maître et le serviteur se trouvent pris dans une tourmente de neige, s'égarent, cherchent en vain le chemin qui peut-être leur permettrait de ne pas mourir de froid. Cette fois c'est le maître, qui pourtant ne pense qu'à faire des affaires et à gagner de l'argent, c'est lui, Vassili Andréitch, l'homme apparemment dénué de tout sentiment, qui, s'étendant sur le corps frigorifié de Nikita, le serviteur — tout comme Julien l'Hospitalier couvrant le corps du lépreux —, va le sauver, alors qu'en le protégeant il se condamne à mourir. Là encore, faut-il parler d'amitié ? de la naissance d'une amitié, dans le temps même où la mort est au rendez-vous ? Je le crois.

Étrange renversement des rôles, parfaite symétrie : dans le premier de ces récits, c'est l'inférieur qui se porte au secours du supérieur ; dans le second c'est l'inverse. Faut-il l'approche de la mort — cette grande égalisatrice — pour qu'enfin les hommes se reconnaissent comme égaux ?

D'association en association — ainsi navigue la mémoire comme allant d'un îlot ou d'un récif à un autre —, voici que j'ai le vague souvenir d'un passage d'*Un cœur simple* qui relate ce moment où, après la mort de la petite Virginie, Félicité la servante au grand cœur et Mme Aubain sa maîtresse « qui n'était pas une personne agréable » se rejoignent. Je cherche et retrouve le passage en question : « Leurs yeux se fixèrent l'une sur l'autre, s'emplirent de larmes ; enfin la maîtresse ouvrit ses bras, la servante s'y jeta ; et elles s'étreignirent, satisfaisant leur douleur dans un baiser qui les égalisait. »

Qui les égalisait. Se réduit alors l'écart. S'efface la différence d'âge, des conditions, des générations. L'ami serait-il par excellence celui qui vient de loin, tel celui qu'a évoqué Claude Roy dans un de ses derniers livres, *L'ami qui venait de l'an mil* ? Une sorte de pacte se noue, une reconnaissance mutuelle s'opère. L'ami venu de loin se rapproche de moi, il m'aide à vivre et à mourir et peut-être parce qu'il est venu de loin, de très loin — d'un autre pays, de l'an mil... —, va-t-il demeurer là, à mes côtés, jusqu'à la fin.

Dire, ne pas dire, tout dire

Lieu commun : le véritable ami est celui à qui l'on peut tout dire. Oui, je peux lui faire des confidences que je ne ferais pas à ma compagne, craignant qu'elle n'en prenne ombrage, je peux me montrer à lui sous mon plus mauvais jour — plaintif, râleur, d'humeur sombre —, délivré de tout souci de séduire comme si notre amitié était acquise une fois pour toutes et qu'il n'y avait aucun effort à faire pour la maintenir vivante. Pas de flatteries entre nous, aucune complaisance. Je peux le taquiner sur certains de ses travers, sur ses manies, et lui s'emploie à me rendre la pareille. Nous en rions ensemble, à condition de ne pas aller trop loin. Ce n'est pas tant l'ami que nous craignons de blesser, c'est notre amitié que nous ne voulons pas risquer de mettre à mal. Il y a des limites à ne pas franchir. Le « tout dire » doit être évité dans tout couple sous peine de drame ou de rupture, le couple d'amis ne fait pas exception.

À chacune de mes rencontres avec Jacques T., je mesurais le prix que j'attachais à nos affinités. Le mot d'affinités n'est peut-être pas le bon car nos goûts pouvaient diverger, à propos d'un livre, d'un film, d'un peintre. Nous trouvions même du plaisir dans l'affirmation de nos désaccords. Peut-être le fondement de l'amitié réside-t-il moins dans les affinités que dans une confiance mutuelle renforcée au fil des jours.

Il m'arrivait pourtant, et cela me gênait affreusement, de trahir cette confiance. Cela se produisait, non quand nous étions seuls tous les deux, mais quand Jacques était amené à prendre la parole devant une assemblée qui ne lui était pas familière. Alors, j'avais le sentiment de ne pas reconnaître mon ami. L'homme que j'avais devant moi cessait soudain d'être celui avec qui je parlais librement, il me semblait qu'il avait perdu son naturel et, comme disent aujourd'hui les jeunes gens, qu'il « se la jouait », qu'il adoptait une posture, comme peut le faire un professeur sûr de sa supériorité, un acteur face à son public ou un psychanalyste qui se prendrait pour un psychanalyste... Il me semblait que même sa voix avait changé, qu'elle n'était plus la sienne. Pourtant ce qui m'apparaissait comme des personnalités d'emprunt, c'était bien Jacques, c'était bien lui, lui aussi. Je n'osais pas lui faire part de mon sentiment. Je pressentais que je toucherais là à quelque chose qui faisait partie de lui, qui correspondait peut-être à quelque fragilité intime qu'il méconnaissait sans doute lui-même et qu'en tout cas il ne m'appartenait pas de mettre à nu. N'empêche, en ne laissant rien transparaître de ce que je ressens, j'ouvre une faille dans notre complicité, je vois dans mon silence volontaire quelque chose comme un mensonge secret, je m'accuse de fausseté tout en justifiant ma prudence par le souci de ne pas porter atteinte à notre amitié. Et puis ma gêne disparaît, je retrouve Jacques, mon ami, comme s'il n'avait fait que s'échapper quelques instants pour monter sur une scène où je n'avais pas ma place, une scène qui n'était pas pour lui non plus sa vraie place. Illusion de l'amitié : accéder à la vérité de l'ami.

Je ne vois plus Jacques depuis longtemps. Il vit à Los Angeles où il enseigne la littérature française — il a trouvé son auditoire — et où il anime une petite troupe de théâtre — il a trouvé son public.

Au cours de nos rencontres lointaines, je m'étais trompé en prenant pour des postures, pour de la pose, ce qui était en réalité sa vocation.

À son psychanalyste peut-on tout dire ? On le doit, en principe, c'est la règle. Tout ce qui vous vient à l'esprit sans écarter ce qui paraît hors de propos, insignifiant, absurde, inconvenant. Apparemment, quelle invitation à la liberté ! Pouvoir tout confier de soi, le plus secret, le plus fou, le moins avouable sans craindre un jugement moral. Le psychanalyste pourrait-il être l'ami véritable, celui à qui on peut même dire tout le mal qu'on pense de lui, sans crainte de rétorsion ? Il est censé tout accueillir.

L'obligation de sincérité, sujet d'une pièce de Marivaux intitulée *Les Sincères.* Marivaux dont le théâtre n'est que jeux, ruses, déguisements, stratagèmes, mensonges, pour que l'amour enfin se dévoile. Qu'advient-il quand le parti est pris d'une sincérité absolue ? Le désastre.

Le Rousseau des *Confessions* : tout dire, ne rien cacher, ne dissimuler ni ses faiblesses ni ses hontes, tout avouer (religion de l'aveu supposé disculper). Pourtant qui s'est mieux méconnu que lui ?

Confiance

Anne Maurel, une toute nouvelle amie — heureuse surprise : il n'y aurait donc pas d'âge pour que naisse une amitié —, me donne à lire des lettres dont j'ignorais l'existence. Ce sont celles que Roger Martin du Gard a adressées à quelqu'un dont le nom m'était inconnu. Le volume regroupant ces lettres qui s'échelonnent de 1938 à 1957 — quelques mois avant la mort de Martin du Gard — s'intitule *Lettres de confiance.* C'est bien une confiance mutuelle qui les inspire tout au long.

Le destinataire de ces lettres n'a pas vingt ans quand il envoie à l'écrivain quelques manuscrits — des poèmes, des articles, une nouvelle. Martin du Gard répond aussitôt à Jean Morand, c'est le nom du jeune homme, et l'invite à venir le voir au Tertre où il réside, à y venir en voisin (Jean Morand est de la région). Dans cette même lettre se mêlent critique sans appel — « votre nouvelle ne pouvait pas être bonne », l'explication suit — et plus qu'un simple encouragement : « Ce goût exclusif que vous avez à écrire, ce besoin de vous exprimer, c'est à coup sûr l'indice d'une vocation. » On croirait entendre Rilke, en moins lyrique, écrivant au « jeune poète ».

Martin du Gard donne au jeune homme des conseils, il l'engage à observer ce qui se passe autour de lui et ailleurs, à s'aventurer hors de ses propres frontières (la thèse de doctorat de Jean Morand portera sur « Les thèmes de la solitude dans le journal intime »). C'est sans doute sa propre esthétique qu'il transmet, presque malgré lui, à son interlocuteur, mais jamais il ne prend la posture du Maître, il est seulement un aîné qui, lui aussi, a longtemps tâtonné. Il ne ménagera pas ses efforts, au fil des années, pour que Jean Morand, à son tour, s'engage dans la création d'une œuvre. Sans grand succès. Il est si difficile — j'en sais quelque chose — de se soustraire à l'influence d'un maître admiré que l'on sait inégalable. Le combat est perdu d'avance pour qui chercherait à rivaliser avec lui. Il n'y a d'autre issue que de chercher à tracer son propre chemin avec les moyens du bord. Assurément, Martin du Gard souhaiterait cela à son protégé. Mais voilà, quand l'admiration est trop forte, elle écrase.

Ce que j'ai trouvé de plus touchant dans ces

lettres, c'est le renversement de rôles qui, sur le tard, se produit. Martin du Gard confie à Jean Morand avec quelque amertume — non, le mot ne convient pas, parlons plutôt de tristesse — qu'il est oublié, qu'on ne le lit plus, que nulle part on ne parle de lui. Alors, son correspondant s'emploie sans tarder à lui prouver le contraire : il lui fait parvenir des articles de presse qui saluent le grand écrivain qu'il est, il lui témoigne de son admiration sans faille et de son affection indéfectible. Et quand l'homme vieillissant est confronté à des maladies et à des opérations chirurgicales successives, il se comporte comme un infirmier attentif. Lui, dont la santé fut toujours précaire, le voici devenu l'aîné qui veille sur le cadet.

Qu'importe la distance des âges, l'éloignement géogaphique, l'écart entre les talents quand la confiance mutuelle est là, une fois pour toutes.

1950. Nice. Lycée Masséna. Je m'efforce d'intéresser mes élèves à la philosophie. Je dois aussi assurer une heure de cours hebdomadaire consacrée à la littérature française. Je leur lis de longs passages des *Thibault. Le Cahier gris* les trouble, *La Mort du père* leur fait forte impression, *L'Été 1914* me donne l'occasion de leur parler de l'internationalisme, de la guerre et de la paix (la guerre froide commençait). Certains ignoraient jusqu'au nom de Jaurès et ils étaient trop indolents, trop jouisseurs pour se reconnaître dans la révolte de Jacques. Il nous arrivait de poursuivre nos discussions sur la plage ou dans un café proche du lycée.

Mon métier me laissait des loisirs. Quand j'étais lassé de préparer mes cours, j'allais marcher dans l'arrière-pays niçois, découvrant des villages vides de touristes et riches en promesses de bonheur ; au retour de mes promenades, j'écrivais des nouvelles.

Un de mes collègues et voisins que j'ai déjà évoqué, Viguier, pour qui j'éprouvais de la sympathie, m'apprit au détour d'une conversation que Martin du Gard habitait dans le même groupe d'immeubles que nous, boulevard de Cimiez : « Je lui rends visite de temps à autre. Si ça vous dit, vous pourriez m'accompagner. Nous avons rendez-vous demain en fin d'après-midi. »

Je ne me souviens pas des propos échangés. J'étais très intimidé. Que Martin du Gard ait obtenu le prix Nobel ne me faisait ni chaud ni froid. Mais me trouver face à l'auteur des *Thibault* dont, la veille encore, j'avais lu des pages, et à celui, plus discret, de *Confidence africaine*, voir en chair et en os un homme qui s'était jusqu'alors confondu avec ses livres, me laissa quasiment muet, moi qui savais si bien discourir face à mes élèves. L'homme assis dans un fauteuil me parut fatigué, souffrir de sa solitude — sa femme était morte quelques mois auparavant — et, en même temps, soucieux de la préserver, ce qui accrut ma gêne.

Viguier avait dû lui dire que j'avais le goût d'écrire. Alors, il m'interrogea doucement, sans insistance, en me parlant comme à un égal. Pas un instant je n'eus devant moi le « grand écrivain » s'adressant avec une condescendance amusée au néophyte.

L'année suivante — j'avais été affecté à un autre poste près de Paris —, je lui envoyai mon recueil, pas fameux, de nouvelles. Il me répondit aussitôt, comme il l'avait fait pour Jean Morand : une lettre qui, elle aussi, mêlait critiques et encouragements. Il me disait avoir apprécié mon sens du dialogue et me jugeait doué pour le théâtre, ce en quoi il se trompait. Mais qu'importe ! Cette heure passée à son côté et la réponse faite à mon envoi m'avaient donné confiance, moins sans doute en mes éventuels dons d'écrivain qu'en... je ne sais trop, en une vie qui ne serait pas du faux-semblant et qu'il m'appartenait, morceau par morceau, de construire.

Qu'est devenue cette lettre ? Peut-être la retrouverai-je un jour où j'effectuerai ce grand rangement toujours remis à plus tard ! Elle me fut si précieuse : un viatique pour l'avenir.

La confiance. Qui me l'a accordée, cette confiance, sans que je l'aie méritée ? Mon père d'abord, très tôt, je devais avoir six ou sept ans. Quand ma mère s'inquiétait de mes mauvaises notes au cours H., il lui disait : « Ne te fais pas de souci, il s'en sortira toujours, ce petit. » Je crois même qu'il avait dit : « Il se débrouillera toujours. » Le fait est que j'ai encore aujourd'hui le sentiment d'être parvenu à « m'en sortir » — des situations dangereuses ou douloureuses, des peines de cœur et des maladies — sans trop de dégâts et qu'avec de la chance et sans être un grand travailleur, je ne me suis professionnellement pas trop mal « débrouillé ».

Plus tard, au lycée Pasteur, bien des professeurs m'ont fait confiance. L'un d'eux, surtout, mon professeur de lettres, M. Laurent, qui me fit aimer les grands auteurs, même les plus austères comme La Rochefoucauld et Bossuet. Je garde encore en mémoire ce jour où, devant toute la classe, il lut à voix haute l'une de mes rédactions, me donnant l'illusion que peut-être, dans l'avenir, à défaut de rejoindre le cercle des « grands auteurs », je deviendrais un écrivain acceptable. Et puis, toujours parmi les professeurs, il y eut

Sartre qui, lui, me donna l'illusion que je deviendrais un philosophe, sinon novateur, du moins honorable ! Je n'oublie pas dans ma liste qui devrait être plus longue celui qui m'apprit à rouler à bicyclette, et ce fut comme un premier apprentissage de la liberté, ni celui, toujours dans ces années de l'enfance, qui m'apprit à nager loin, sans craindre les vagues ni de perdre pied !

Je m'aperçois que ceux que j'évoque ici ont en commun de m'avoir enseigné quelque chose. Aujourd'hui, le temps des professeurs étant depuis longtemps révolu, je crois bien que ce sont mes patients qui sont devenus mes éducateurs quand ils se fient comme moi à la psychanalyse, malgré tout.

Autres figures plus intimes : ma femme, mes enfants, quelques amis qui, jour après jour, réveillent mon goût de vivre quand il tend à faiblir.

Face moins heureuse de la confiance : celle qui vous a été accordée et qu'on a déçue. À tort ou à raison, j'ai cette impression à l'égard de Maurice Merleau-Ponty. Je reste persuadé qu'il avait attendu de moi, quand il me « parrainait » au C.N.R.S., que mes projets se réalisent. Ils avaient d'autant moins de chance de se réaliser qu'ils manquaient de consistance et ne faisaient que reprendre, jusqu'au mimétisme, ce qu'il avait lui-même écrit. Il faut dire, à ma décharge, qu'à l'époque j'étais empêtré dans mes histoires amoureuses et que, parallèlement, j'oscillais aussi dans mon choix entre philosophie, psychanalyse, littérature.

Un tiers me rapporta que Merleau-Ponty me trouvait un peu « jeune » (c'était son mot, entre guillemets). Il voyait juste. Il m'a fallu tant de temps pour grandir tout en restant jeune ! Les livres que j'ai écrits après sa mort qui, littéralement, m'atterra, il se pourrait bien que je ne les aie écrits que pour me rattraper à ses yeux et cesser de le décevoir.

Revers de la médaille : la confiance trahie. Il m'est arrivé comme à chacun de nous de me faire arnaquer. Il m'est arrivé qu'un proche, l'un de ceux à qui l'on donnerait le bon Dieu sans confession, me joue un tour de cochon. Il m'est arrivé qu'une femme qui représentait pour moi l'*essence* de la fidélité me signifie sèchement mon congé pour aller vers un autre. « Tu aurais dû te méfier », me dit un ami.

Mais non, à tout prendre, je préfère passer pour un benêt, un crédule que d'endosser le rôle du soupçonneux, du méfiant qui, à force d'être sur ses gardes, sentinelle perpétuellement aux aguets, en oublie de vivre, de rêver, de désirer quoi que ce soit. Il ne voit plus partout que des étrangers susceptibles de l'agresser, de lui nuire. Il tient à distance, par peur de souffrir, ce qui, s'il se montrait confiant, lui donnerait quelque chance d'être emporté hors de soi, de devenir étranger à lui-même.

Si : je me méfie de quelque chose, de l'application généralisée du principe de précaution.

Correspondance

J'aime les différentes acceptions de ce mot, j'aime qu'il ne désigne pas seulement les échanges épistolaires.

Correspondance entre les trains, entre les lignes souterraines du métro, entre les lignes aériennes. Respect de la règle de grammaire qui veut la correspondance ou la concordance des temps. Trouver dans un pays étranger, du temps où l'on fréquentait le collège, un « correspondant » inconnu auquel on rendrait visite pendant les vacances de Pâques et qui viendrait chez vous l'année suivante (quel dommage que sa famille fût à périr d'ennui et la vôtre si peu accueillante !). Plaisir, en parcourant un dictionnaire de langue, que tant de mots avec leurs synonymes, leurs antonymes, leurs homonymes, leurs composés se répondent les uns les autres comme dans une conversation inépuisable et s'adressent des petits signes d'amitié. Nostalgie des « correspondances » baudelairiennes, alors que dans notre monde d'aujourd'hui, chaotique, absurde, à jamais éloigné du « vivant pilier », il nous semble que rien ne correspond à rien. Nervosité qui s'empare de nous quand, notre train ayant pris du retard, nous craignons de louper la correspondance qui nous permettrait de rejoindre la femme aimée, suivi de l'abattement qui est le nôtre quand effectivement nous l'avons loupée et qu'il nous faudra chercher pour la nuit une chambre d'hôtel, minable à coup sûr, et où nous n'aurons pour compagne que l'insomnie.

Mon image d'un extrême désarroi : celle d'une attente sur le quai d'une gare où aucun train n'arrivera, d'où aucun train ne partira. Jamais, on le sait. L'attente sans espoir d'une correspondance et pourtant on reste là, seul, étendu sur un banc, il fait froid. J'attends quand même, au cas où...

Une rencontre improbable

On peut difficilement imaginer deux caractères, deux êtres plus différents. Ils s'opposent en tout. L'un représente la mesure, la finesse d'analyse, il incarne l'esprit français dans ce qu'il a de meilleur. C'est un homme sensible, bienveillant par nature, voué au service de la littérature. L'autre est exalté, intransigeant, en révolte contre un langage « qui ne coïncide pas totalement avec le *jet* de la pensée » — les mots sont si vite prêts à être frappés de nullité. Il est un cri que nous n'avons pas fini d'entendre.

Pourtant, entre ces deux hommes, Jacques Rivière et Antonin Artaud, un dialogue se sera bien noué, du moins en cette année 1923 où Artaud adresse des poèmes à celui qui dirigeait alors la « sacro-sainte » *Nouvelle Revue française.* Suivra un échange de lettres jusqu'en juin 1924.

La réponse de Rivière à l'envoi d'Artaud est ferme : « Je regrette de ne pouvoir publier vos poèmes. » Mais il atténue aussitôt ce refus en invitant Artaud à venir le voir « à la revue, entre quatre et six heures ». Entre quatre et six heures : un temps bien mesuré. Pas question de se laisser déborder. Ce débordement, à commencer par celui de la littérature, le pressentait-il ?

La suite est bien connue. Rivière ne publiera pas les poèmes, mais proposera à Artaud, qui acceptera la proposition, de publier « à la place de vos poèmes » la correspondance qu'ils ont échangée : cela ferait « un petit roman par lettres qui serait assez curieux ».

Un dialogue donc s'est instauré qui restera pourtant tout au long fondé sur un malentendu. Les réponses de Rivière aussi compréhensives qu'elles se veulent, et même si elles évoluent en cours de route, semblent toujours à côté de ce qu'attend, de ce qu'exige son interlocuteur. Artaud a beau déclarer d'emblée et répéter qu'il souffre d'une « effroyable maladie de l'esprit », d'un « effondrement central de l'âme », Rivière écrit souhaiter de lui des poèmes « parfaitement cohérents et harmonieux », comme si Antonin Artaud aspirait lui aussi à la cohérence et à l'harmonie ! Le malentendu entre eux, avec la déception qui en résulte, il le définit ainsi : « Je m'étais donné à vous comme une véritable anomalie psychique, et vous me répondez par un jugement littéraire », précisant dans une autre lettre : « Ces expressions malvenues que vous me reprochez [Rivière avait parlé d'étrangetés déconcertantes], je les ai senties et acceptées. » Il a beau admettre qu'« une revue comme la *N.R.F.* exige un certain niveau formel et une grande pureté de matière », lui, Artaud, n'entend pas satisfaire cette exigence-là. Son ambition est autre : « Faire un livre qui dérange les hommes », ne pas se soucier comme tant d'écrivains de bâtir une œuvre. Il s'agit de tout autre chose : « Montrer mon esprit » afin que « le lecteur croie à une véritable maladie ».

C'est sans doute parce que Jacques Rivière sera de plus en plus convaincu de l'existence de cette véritable maladie et de l'intolérable souffrance qu'elle engendre qu'il changera d'attitude, quittant la fonction de conseiller littéraire pour prendre le rôle du médecin secourable. Effort qui nous touche et témoigne de l'affection croissante qu'il éprouve pour Artaud. Cela n'empêche pas la persistance du malentendu.

L'auteur de *Quelques progrès dans l'étude du cœur humain*, grand connaisseur de Proust, confie à Artaud que lui non plus n'ignore pas la souffrance, qu'il est sujet à « des oscillations du niveau de l'être », que son personnage le plus habituel peut lui apparaître tout à coup comme « factice et comme fictif ». Il l'invite à lire Valéry pour mesurer à quel point l'esprit, cette « sorte de chancre », avance dans tous les sens et le risque qu'il y a à se laisser envahir par « l'impulsion à penser ».

Bref, il fait tout ce qu'il peut — et nous le croyons sincère — pour donner des preuves à son correspondant qu'aussi différent qu'il soit de lui il est, d'une certaine manière, son semblable.

Il conclut sa longue lettre, qui sera la dernière, par ces mots de moraliste : « Il n'y a de péril absolu que pour qui s'abandonne ; il n'y a de mort complète que pour qui prend le goût de mourir. »

« Le goût de mourir. » Comment imaginer Artaud ayant ce goût-là ?

Mais le goût d'être publié et de l'être par la *N.R.F.*, la « sacro-sainte », il l'a, même s'il affirme que la littérature ne l'« intéresse qu'assez peu ». De là l'ambiguïté de sa démarche auprès de Rivière. Quand celui-ci a longtemps tardé à répondre à l'une de ses lettres, il reçoit ce mot cinglant (tous les directeurs de revue en reçoivent de ce type) : « Renvoyez, Monsieur, lettres et manuscrits. » Ne manque que l'accusé de réception ! N'ayant pu être reçu comme il le voulait, il accuse. Après que Rivière a fait amende honorable, le ton s'adoucira.

L'écart entre les deux hommes est immense. Et c'est bien ce qui fait l'intérêt de cette étrange et brève correspondance. Que pèsent nos propres

« nerfs », nos intermittences du cœur, les vacillements de notre identité, notre « mal-être » pas toujours inconfortable, face à un « effondrement central de l'âme » ? Pas grand-chose, à dire vrai.

*L'unique autre, l'*alter

Comment un ami intime peut-il se muer en un ennemi non moins intime ? Comment l'amitié peut-elle se retourner en son contraire ? C'est la question qu'entre bien d'autres pose l'histoire de la relation entre ces deux hommes.

Elle dura une quinzaine d'années, cette étrange, cette intense relation : échange de longues lettres souvent accompagnées d'envois d'ébauches de manuscrits comme pouvaient le faire autrefois des jeunes gens, du temps où l'on s'adressait des lettres. Mais là, il ne s'agit pas de jeunes gens. Les correspondants ont dépassé la trentaine, l'un est marié, l'autre ne tardera pas à l'être. Ils sont tous deux médecins, tous deux des chercheurs avides de savoir, à l'affût de découvertes. L'un réside à Vienne, l'autre à Berlin. Sans doute cette distance géographique favorise-t-elle leur échange. Ils se voient rarement, ils appellent « congrès » leurs rencontres épisodiques et programmées. C'est par l'écrit qu'ils communiquent, qu'ils se transmettent ce que l'un d'eux appelle un « bouillonnement d'idées ».

Leurs noms : Wilhelm Fliess et Sigmund Freud. Fliess est un oto-rhino-laryngologiste réputé, Freud un neurologue qui commence à s'intéresser à ce qu'on appelle alors les maladies nerveuses. Ils se sont croisés à Vienne en 1887 et aussitôt Freud écrit à Fliess avec une chaleur qui lui est inhabituelle : « Je dois commencer par cet aveu que je forge l'espoir de poursuivre mes rapports avec vous et que vous avez laissé en moi une profonde impression qui pourrait facilement m'amener à vous dire sans détour dans quelle catégorie d'hommes je dois vous ranger. »

Voilà, c'est parti ! Déclaration d'amour ou d'amitié ? Naissance en tout cas d'une fascination qui rendra perplexes les biographes et que ne comprendra pas un disciple sérieux, raisonnable, comme Karl Abraham. Les psychanalystes parleraient d'un « pré-transfert ». Avant que la partie ne s'engage, les dés sont déjà jetés.

Cette première lettre est adressée au « Très honoré confrère » ; quelques mois plus tard, ce sera « Très cher ami », « Ami bien-aimé », bientôt suivi de « Cher ami ayant tardé à m'écrire » où l'on croit entendre la plainte d'un mal-aimé... La signature « Votre Sigm. Freud » deviendra « Ton Sigm. Freud », puis « Ton Sigm. »

Par la suite, Freud aura d'autres interlocuteurs privilégiés : Jung dont il fit un temps son « héritier », Abraham, disciple apprécié, et surtout Ferenczi, compagnon de voyage et fils trop aimant. Mais à aucun d'entre eux il n'aurait pu écrire qu'il était son « unique autre, son *alter* ». Cet *alter* n'est pas un *alter ego.* On pourrait s'y tromper quand on regarde la photographie souvent reproduite où les deux hommes se ressemblent tant qu'on les prendrait pour des jumeaux : même barbe noire et fournie, même front bombé, même nez, même regard profond. Disons plutôt — cela a été justement relevé par le préfacier et cotraducteur des *Lettres à Wilhelm Fliess* — qu'ils « s'efforcent de se ressembler ». Fliess n'est pas le jumeau de Freud, ce double dont il faut difficilement se différencier. Il est l'autre, il est aussi, bien plus qu'un ami privilégié, l'ami exclusif, l'élu, il est l'irremplaçable. « Personne ne remplacera pour moi, lui écrit Freud, le commerce avec l'ami qui exige un rôle particulier — peut-être féminin. » N'est-ce pas au plus fort de l'amour qu'on peut dire à l'aimé(e) : tu es mon « unique autre » ?

Ce qui paraît en tout cas être plus qu'une hypothèse, plusieurs auteurs, dont Octave Mannoni qui parle d'« analyse originelle », l'ont soutenu de manière convaincante, c'est que Fliess à son insu a, pendant des années, servi d'analyste à Freud, lui qui, et pour cause, ne s'est jamais allongé, couché, sur un divan.

Quel est en effet le ressort secret de la cure analytique, de cette rencontre entre deux humains qui n'ont pas la même histoire, n'ont pas connu les mêmes douleurs et ne partagent pas les mêmes fantasmes ? Parfois ils n'ont pas la même langue maternelle ou ils sont de sexe différent. Cela peut paraître fou, une analyse, et elle l'est, cette longue traversée dans laquelle s'embarquent deux inconnus pour aller vers l'inconnu. Il faut à l'un des passagers un autre unique, un *alter*, qui est à la fois le plus étranger et le plus intime, pour accéder à sa propre altérité, à ce qu'il ignore de lui-même et à ce à quoi, aussi maître de sa vie qu'il se veuille, il est assujetti. À cette altérité, aucune version moderne du « Connais-toi toi-même », aucune introspection, même la plus attentive, ne donne accès — que l'autre en nous s'appelle inconscient ou qu'on lui donne un nom différent, peu importe. L'auto-analyse que Freud pratiquera avec une ténacité et un courage exemplaires, notamment à partir de ses rêves qu'il soumet à une analyse méthodique, a ses limites. Il le reconnaît lui-même pour en avoir fait l'expérience.

L'autre unique qu'est l'analyste est unique en cela aussi qu'il peut incarner alternativement tous nos « autres » — père, mère, frère, sœur, ami... et, au-delà de ces figures réelles et imaginaires, un père, une mère mythiques, l'*Urvater*, l'*Urmutter*, ces père et mère originaires, venus du fond des âges et dont il nous faut supposer l'existence pour rehausser ou rabaisser nos propres parents. Conséquence : cet « unique » concentre en lui des sentiments opposés, il est l'objet de passions qui luttent entre elles : tantôt il est un idéal, tantôt un persécuteur, tantôt un allié secourable, tantôt un ennemi ne cherchant qu'à vous nuire. L'autre unique emprunte tous les visages. Il arrive que l'*alter* — Fliess — ne présente qu'une double face, tel un *daimôn* : celle d'une voix qui inspire (Socrate), celle d'un malin génie qui fourvoie (Descartes).

La relation entre Freud et Fliess — ils ne sont pas des jumeaux mais ils forment un couple — reste difficile à cerner. Le mot d'amitié paraît faible ; celui d'amour, excessif. Il est tentant d'évoquer une homosexualité méconnue, rejetée. Mais ce qui a lié les deux hommes est trop complexe pour pouvoir être étiqueté.

Fliess est le confident, l'intime : Freud lui confie des aspects de sa vie privée familiale qu'il ne livre à personne d'autre. Il est aussi et surtout l'interlocuteur scientifique auquel Freud communique ses travaux, ses hypothèses, ses idées, et il lui en vient de nouvelles chaque jour. Il attend de son interlocuteur plus qu'un avis, une reconnaissance. Fliess n'est pas loin de représenter pour lui, selon la formule de Lacan, « le sujet supposé savoir ».

Il est encore le médecin auquel Freud adresse des patients et qu'il ne se prive pas de consulter pour qu'il le délivre de son tabagisme. Il lui fait part de ses innombrables troubles somatiques — migraines, problèmes digestifs, cardiaques. Il se fera même opérer par lui des cornets nasaux.

Il endosse bien des rôles, l'ami Wilhelm. Chacune des lettres qu'il reçoit ressemble à une séance.

Nous qui sommes des témoins extérieurs et lointains de l'affaire peinons à en comprendre les enjeux.

Si nous parcourons l'ouvrage de Fliess *Les Relations entre le nez et les organes génitaux féminins*, c'est l'étonnement. Comment Freud a-t-il cru, même après leur rupture, que Fliess était « un homme remarquablement doué pour les sciences exactes » ? Comment a-t-il pu qualifier de « grandioses » des conceptions qui nous apparaissent comme autant d'élucubrations ? Comment a-t-il pu écrire à son correspondant : « J'ai en tête quelque chose qui assurera ma construction sur ton socle » ?

À ces questions, deux réponses. D'abord, à supposer que Fliess soit taxé de délire, appelons-en au témoignage de Freud reconnaissant qu'il y a dans « tout délire un noyau de vérité ». Ensuite, nous avons tendance à l'oublier maintenant que la psychanalyse, même quand elle est décriée, est admise dans notre culture, Freud, dans les années où il écrivait à Fliess, était suspecté sinon de délirer, du moins de soutenir des thèses insensées, scandaleuses. L'alliance entre les deux hommes serait celle de deux incompris, également sûrs de leurs trouvailles bien qu'elles ne soient pas les mêmes. Enfin, dans leur exploration des « sombres sentiers », ils se confrontent l'un comme l'autre, par des voies différentes, à la bisexualité humaine.

La bisexualité : ce sera, après avoir été longtemps un intérêt partagé, la pierre d'achoppement pour se transformer *in fine* en accusation de plagiat.

La rupture qui interviendra en 1906 tient peut-être en ceci : aucun d'eux n'acceptait d'être la femme de l'autre... « Ce que les hommes refoulent, c'est l'élément pédérastique [*sic*] », écrit Freud à l'ami Fliess. Dans ses travaux ultérieurs, il parlera de refus du féminin qu'il voit à l'œuvre chez les deux sexes. Les temps ont-ils changé ? Aujourd'hui un homme qui admet en lui une part, une petite part de féminin est plutôt bien considéré, par les femmes surtout... Quant à la femme, est-il vrai qu'elle se sente castrée et vouée tout au long de sa vie à l'envie du pénis, ce « grand seigneur » ? Qu'elle soit à jamais le lieu du manque, aux yeux de Freud qui, dira-t-il, « se sent si masculin » ?

Les lettres que Fliess a adressées à Freud sont perdues, Freud les a détruites, à moins qu'il ne les ait, dira-t-il, « ingénieusement cachées », alors qu'il a gardé précieusement toutes celles de ses divers correspondants. Quand Ida Fliess, après la mort de son mari, lui demande s'il pourrait les retrouver, Freud lui répond mollement qu'il va se mettre en quête, ce dont on peut douter : pas question de garder des traces de cette sombre affaire.

Quant aux lettres de Freud, il s'en est fallu de peu qu'elles nous demeurent à jamais inconnues. Marie Bonaparte les découvre en 1936 chez un libraire de Berlin. Elle les achète, fait part de sa découverte à Freud qui se montre réticent : « Je n'aimerais pas que la soi-disant postérité puisse avoir connaissance de quoi que ce soit dans ces lettres. » La « princesse » insiste. L'admiratrice éperdue de son Maître évoque les conversations de Goethe avec Eckermann, les dialogues de Platon : « Qu'aurions-nous perdu s'ils avaient été détruits ! » Elle a bien deviné ce qui motive la réticence de Freud : la postérité a appris que Socrate s'était adonné à la pédérastie avec Alcibiade mais « dans vos lettres il ne peut absolument pas s'agir de quelque chose de cette sorte ! Rien qui puisse vous diminuer quand on vous connaît ! ». Réponse de Freud : « Je ne puis accepter facilement les comparaisons que vous faites. »

Il a fallu attendre longtemps pour que les lettres de Fliess soient, après la mort de Freud, publiées : édition partielle, passages caviardés. C'est à l'obstination d'un chercheur américain, J. M. Masson, que nous devons une édition intégrale, parue d'abord en langue anglaise (1983) puis allemande (1986). Enfin en 2006 nous avons droit à une édition française qui restitue, dans toute leur vivacité et leur fièvre créatrice, ces lettres qu'anime la passion de la découverte. La psychanalyse est une invention.

En rompant avec Fliess, Freud croyait en avoir fini avec lui. Mais non, cet homme est un revenant. Pas facile d'effacer, de détruire, tant d'années tourmentées. Les « blessures » — le mot est de Freud — restent vives. Quand il rompt avec Adler, le souvenir de Fliess est là, « un octave plus bas. Adler est un petit Fliess *redivivus* ». Même résurgence avec Jung : « Je ne voudrais pas revivre une telle expérience », ce même Jung auquel il écrit : « Mon ami d'alors [Fliess] a développé une belle paranoïa après s'être débarrassé de son penchant pour moi qui n'était certes pas le mien. »

Un penchant qui n'était pas le mien : expulsion de l'« autre unique ». Oubli de la signature « Ton Sigm. ». Réassurance : « J'ai réussi là où le paranoïaque échoue. »

Je me souviens de ce que m'avait dit ma mère quand je m'étais entiché d'un camarade de classe un peu fou et que je trouvais génial : « Fais attention, tu ne t'en rends pas compte, mais ce garçon a sur toi une dangereuse influence. Il serait temps que tu t'en éloignes. Cesse donc de le voir. »

Des influences, j'en ai subi, des « bonnes » et des « mauvaises ». Il se pourrait bien que les mauvaises m'aient été les plus profitables.

L'autre côté

Il se fait toujours attendre, celui-là.

La chose est connue de tous ceux qui ont recours à ses services. Souvent, je fais preuve d'impatience. Au restaurant, devant un cinéma, chez le médecin. Je déteste attendre. Aujourd'hui l'attente est mon alliée. Je n'ai pas envie d'arriver en avance là où je dois me rendre. Pas en retard non plus. Juste à l'heure indiquée : quatorze heures.

Le trajet du bus 69, je le connais bien. Au bout de la rue où j'habite, nous — les passagers — franchissons le fleuve, nous allons de l'autre côté de l'eau, sur l'autre rive. Je pars en voyage et presque à chaque fois le voyage me réserve une heureuse surprise, m'offre une découverte.

Aujourd'hui, l'autre rive n'est pas une promesse de découverte, de bonheur encore moins. Ma destination est le crématorium du Père-Lachaise.

Assis sur le siège isolé qui se trouve à l'avant de l'autobus à la droite du conducteur, appelé autrefois le machiniste, je me souviens de ma première rencontre avec Michel. Une image extrêmement précise de la scène s'impose. Et, dans le même temps, me revient la première phrase d'un roman célèbre que j'ai lu à quinze ans et jamais relu depuis : « Il arriva chez nous un dimanche de novembre 189... »

Michel Cournot n'était pas Augustin Meaulnes, « chez nous » n'était pas une école de village mais une classe d'hypokhâgne du lycée Henri-IV, nous n'étions pas en 189... mais en octobre 1941. Dans ma mémoire imaginaire les deux dates n'en font qu'une comme se confondent la survenue de Meaulnes et celle de Cournot.

La rentrée scolaire avait eu lieu quelques jours auparavant. À l'image de l'autobus Michel s'était fait attendre. Je connus plus tard le motif de ce retard : il avait passé son baccalauréat à la seconde session, ce qui déjà le différenciait de tous les autres élèves, premiers de classe, mention bien, très bien, quelques-uns lauréats du Concours général et dont un bon nombre allait se retrouver d'ici deux ou trois ans normaliens puis agrégés, docteurs ès lettres avant de finir à la Sorbonne leur carrière de travailleurs sérieux.

Au premier regard, je vis que ce garçon ne ressemblait pas, ne ressemblerait jamais à mes condisciples. Il était beau, un visage d'enfant et un corps robuste, il portait un ample manteau de grosse laine avec un col de velours (j'appris de lui que ce manteau lui venait de son grand-père) et aux pieds des bottines d'un autre âge. Un instant, je crus voir apparaître Rimbaud débarquant d'un autre monde, surgi d'un autre temps.

Un second retardataire l'accompagnait, beau lui aussi, mais d'une beauté très différente. Petite taille, visage fermé, quelque chose de fier dans l'attitude et le regard nous signifiant qu'il se savait trop singulier pour souhaiter se mêler à nous. Un prénom éclatant de lumière : Hélios.

Hélios aux côtés de Michel, c'était la poésie qui faisait clandestinement son entrée au milieu de toutes ces blouses grises, sans âge, en ce sombre automne 1941 où un avenir plus sombre encore me semblait seul imaginable.

Je demande au machiniste du bus de bien vouloir me signaler l'arrêt le plus proche du crématorium, cette machine efficace, implacable, qui en moins d'une heure réduit violemment un corps humain à quelques poignées de cendres. Il me fait répéter le mot. Ça ne lui dit rien. Nous remontons l'avenue Gambetta qui longe le cimetière. Il y a là un arrêt. Le crématorium ne doit pas être bien loin. Je marche cinq, dix minutes, ne trouve aucune entrée. Le cimetière est cerné de murs comme autant de remparts isolant les morts des vivants. Je consulte ma montre. Il est juste quatorze heures. Je continue à marcher, j'accélère le pas, je m'essouffle, j'entends mon cœur battre. Toujours pas d'accès. J'ai dû me tromper. Je redescends l'avenue en courant, j'avise un fleuriste : « Le crématorium ? — Vous trouverez l'entrée plus haut, au bout de l'avenue. — J'en viens. — Dans une rue sur votre droite, la rue des Rondeaux. » Je remonte l'avenue, m'arrêtant parfois tant le souffle me manque. J'arrive enfin. Des gens debout sur les marches face à la porte ouverte de l'édifice. Comment l'appeler ? Ce n'est pas une église, ni un temple, ni une synagogue. Comme on ne peut décemment honorer, célébrer le Néant, on a mis là des couleurs, des dorures, des étoiles. Une religion syncrétique, un décor kitsch.

Je peine à reprendre mon souffle. Je m'adosse à un montant du portail. Je me sens très faible, très vieux. Éloigné des micros, j'entends mal les discours qui se succèdent. Ils évoquent un Michel Cournot que je ne faisais plus guère que croiser parfois ici ou là : le journaliste écrivant sur le cinéma, le théâtre dans *L'Express*, *Le Monde*, *Le*

Nouvel Observateur. Je lisais ses chroniques, elles me permettaient d'entendre sa voix. J'y trouvais autre chose que des articles : des petits poèmes en prose. Les lire m'enchantait. M'attristait aussi : pourquoi Michel, plus doué que tant d'autres, n'écrit-il pas de livres ? Exigence impossible à satisfaire ? L'ombre portée de Mallarmé ? L'excès d'intelligence de Valéry ? La proximité amicale de Michaux ? Renoncement ?

Dès le premier jour, j'avais tant attendu de lui, convaincu que mes camarades et moi ne serions jamais que des élèves appliqués, des enfants sages effrayés par toute démesure qui ferait courir le risque de la folie.

Manque de souffle.

La cérémonie se poursuit. Les témoignages sont chaleureux, sincères. Michel a été aimé, c'est sûr, et cela me fait du bien de le ressentir.

Dehors il fait beau cet après-midi d'hiver. L'air est vif, la lumière douce. Les amis s'attardent, forment des petits groupes. Je pourrais me joindre à certains d'entre eux, mais j'ai hâte de m'éloigner, de me retrouver seul. Seul avec Michel comme, autrefois, du temps d'Henri-IV, nous revenions à bicyclette de la vallée de Chevreuse. Qu'étions-nous allés faire là ? Je n'en sais rien et peu m'importe, je nous revois pédalant très vite dans les descentes qui nous ramenaient à Paris, chacun, à tour de rôle, devançant l'autre. Rires, instants de liberté, oubli du noir.

Me voici maintenant déambulant à travers le cimetière sans autre intention que d'en sortir au plus vite. Le Père-Lachaise, je le connais bien pour y être venu plusieurs fois au fil des années sur la tombe de mon père, puis pour y enterrer des amis. J'en connais les différents quartiers, j'en ignore certains tout comme j'ignore certains arrondissements de Paris. Dans cette ville des morts, je croise quelques jeunes promeneurs, ils s'embrassent, assurés d'être bien vivants.

On dit que les mourants, juste avant de passer dans l'au-delà, voient en quelques secondes se dérouler tout le fil de leur existence. Comment savoir ce qu'il en est ? Tandis que j'emprunte une allée puis une autre, ce sont des moments partagés avec Michel que je me remémore. Aucune continuité entre ces moments, ils voisinent, disparates, comme les sépultures qui m'entourent ; ils réapparaissent soudainement alors que je les croyais ensevelis.

Moments heureux quand, chacun de nous avec sa compagne d'alors, nous allions passer deux, trois jours à Étretat et marchions tout au bord des falaises, histoire de nous faire un peu peur, et quand nous nous promenions — était-ce avec les mêmes femmes ? — dans les jardins de Versailles. Est-ce parce que je marche aujourd'hui seul dans l'étrange jardin du Père-Lachaise que s'impose la vision de la falaise qui vous précipite dans le vide si personne ne vous retient, est-ce pour cela qu'à mon insu ces moments-là se font présents ?

Plus curieusement, alors que je continue à marcher sans trouver la sortie du cimetière et que je suis de plus en plus égaré, revenant sur mes pas et trébuchant sur les pavés des allées, me revient une autre scène.

Quelle drôle d'idée avait eue Michel de m'inviter à déjeuner, du temps où nous étions au lycée, dans sa famille rue Joseph-Bara ! Ils étaient tous là, les frères, les sœurs — huit au total —, la fiancée de l'aîné, celle de Michel, la mère, le père. Immense tablée que j'enviais pour avoir si souvent dîné en silence en tête à tête avec ma mère. Ma place à table est à la droite de Mme Cournot, une femme affable, enjouée, souriante, l'opposé de ma propre mère. Et très vite, prononcée avec gentillesse, la phrase qui tue : « Michel m'a dit que vous étiez très intelligent. » Louis le frère aîné se penche vers sa voisine en pouffant, les petits frères — sept, huit ans — rient franchement. Je tente de m'en sortir en tenant quelques propos convenus. Le père, depuis le début du déjeuner, n'a pas desserré les dents. Il est en face de moi, de l'autre côté de la grande table ovale. De lui, pendant tout le repas qui n'en finit pas, je n'entendrai que ces mots : « Quand on n'a rien à dire, on se tait. » Mortifié, je tente de me consoler avec la pensée que ce polytechnicien à la mine sévère n'aime pas la littérature, qu'il est comparable à notre professeur de lettres, M. B., qui s'emploie à transformer la littérature en cimetière, en commentant inlassablement ses fiches sur cartons quadrillés — autant de pierres tombales.

Comme j'ai admiré Michel le jour où, chargé d'un exposé sur Corneille, il nous lut un passage d'un livre de Péguy dont aucun de nous, à commencer par le sinistre M. B., n'avait jamais entendu parler : *Victor Marie, comte Hugo*. Ce jour-là, il me fit sortir du cimetière des livres morts.

« Quand on n'a rien à dire, on se tait. » Je crois bien n'avoir jamais oublié les propos du polytechnicien. Finalement, ils ont dû m'aider à me méfier des beaux parleurs, de l'éloquence charmeuse, des effets de style. Et peut-être même cet énoncé à l'allure de couperet m'a-t-il, dans un paradoxe apparent, donné le goût d'écrire : ce que je ne suis pas parvenu à dire dans mon silence d'enfant, ce que je n'ai pas su faire entendre dans le malentendu qui régit nos amours, je l'écris.

Une émission de France Culture, celle d'Alain Veinstein, entendue il y a quelque temps. Michel, que je n'ai pas rencontré depuis des années, y parle à propos d'un de mes livres de la fable de La Fontaine *Les Deux Amis.* Cette fable, un normalien, afin de nous préparer au concours, et bien qu'il ignorât tout de notre amitié, nous l'avait donnée à commenter. J'avais oublié l'épisode. Michel, lui, s'en souvenait et l'évoquait comme s'il avait eu lieu le jour même. C'était nous les deux amis, au présent.

Deux vrais amis vivaient au Monomotapa
L'un ne possédait rien qui n'appartînt à l'autre
[...]
Qu'un ami véritable est une douce chose.

Qui est l'ami véritable ? Celui qui nous protège des tourments de l'amour, nous éloigne de la furie haineuse, fait reculer la mort.

Il m'a semblé, entendant la voix de Michel, qu'elle vacillait un instant, comme mouillée par des larmes. Et moi, j'étais avec lui, au Monomotapa...

Il me fallut plus d'une heure pour, après bien des allers et retours, trouver la sortie du cimetière. La même fébrilité, le même affolement que pour en trouver l'entrée. D'où venait cette force obscure qui s'était emparée de moi et me dictait de retarder le moment où je rejoindrais les morts, puis, dans un second temps, de les quitter ?

Au plus vite, maintenant, m'engouffrer, mais c'est dans un taxi, trouvé par bonheur sur le boulevard de Ménilmontant. J'ai repris mon souffle. Le chauffeur est aimable — cela arrive. Sa radio est branchée sur France Musique — cela arrive aussi, rarement. Les rues que nous parcourons ne sont pas encombrées, les passants que j'entrevois ne sont pas pressés, ils prennent leur temps, ce sont des flâneurs. Je me dis que la ville est vivante, ou plutôt qu'elle a repris vie. Pour un peu je me prendrais pour Lazare et ne serais pas loin de croire en la résurrection !

Je me promets de ne plus fréquenter les cimetières. À Michel, à tous ceux qui me furent proches et dont je me suis cru éloigné avant de retrouver leur présence à mes côtés, je propose un rendez-vous dans un autre lieu, un pays que je ne saurais situer sur aucune carte et dont le nom pourrait avoir été inventé par un enfant qui croirait en ses rêves : le Monomotapa.

LA FORCE D'ATTRACTION, 1990, *Éditions du Seuil*, « La Librairie du XXe siècle », repris dans « Points essais », *n° 400*.

LE DORMEUR ÉVEILLÉ, 2004, *Éditions du Mercure de France*, « Traits et Portraits » (« Folio », *n° 4369*).

Ouvrages collectifs

LE NÉGATIF, 1995, *L'esprit du temps*.

FENÊTRES OUVERTES SUR L'INCONSCIENT, 2002, Delachaux et Niestlé.

PARLER AVEC L'ÉTRANGER, 2003, Gallimard, « Tracés ».

PASSÉ PRÉSENT, 2007, *Presses universitaires de France*, « Petite bibliothèque de psychanalyse ».

LE ROYAUME INTERMÉDIAIRE, 2007, Gallimard, « Folio essais ».

PENSÉES POUR LE NOUVEAU SIÈCLE, 2008, Fayard.

Composition Graphic Hainaut.
Achevé d'imprimer
sur Roto-Page
par l'Imprimerie Floch
à Mayenne le 15 septembre 2009.
Dépôt légal : septembre 2009.
Premier dépôt légal : janvier 2009.
Numéro d'imprimeur : 74647.

ISBN 978-2-07-012419-0 / Imprimé en France.

172353